我
们
一
起
解
决
问
题

赢在人力资源系列图书

曾双喜 / 著

盘活人才资产

以人才盘点打造高效人才梯队

人民邮电出版社
北京

图书在版编目（CIP）数据

盘活人才资产：以人才盘点打造高效人才梯队 / 曾
双喜著. -- 北京：人民邮电出版社，2023.1
（赢在人力资源系列图书）
ISBN 978-7-115-60145-2

Ⅰ．①盘… Ⅱ．①曾… Ⅲ．①企业管理—人才管理
Ⅳ．①F272.92

中国版本图书馆CIP数据核字(2022)第180962号

内 容 提 要

近年来，越来越多的企业认识到人的价值，在正式用人之前，会对人才进行全面、综合的盘点，以做到知人善任。但如何做到知人善任，对于多数企业来说，似乎仍然是一个黑箱——如何识别高素质高潜力人才、如何对人才进行针对性的培养、如何做到精准的激励……对此，人才盘点成为把握现有人才情况、制定人才策略的重要工具。

本书详细介绍了人才盘点在人力资源管理实战中的方法与工具，将人才盘点的方法论可视化、流程化、步骤化、模板化，并通过实战案例呈现应用过程，让读者能够轻松上手，快速掌握人才盘点工具的应用方法，使人才盘点结果真正应用在人才管理的方方面面。

本书适合人力资源管理从业者、咨询师、企业管理者，以及相关培训机构或者高等院校相关专业的师生阅读和使用。

◆ 著　曾双喜
　　责任编辑　程珍珍
　　责任印制　彭志环

◆ 人民邮电出版社出版发行　　北京市丰台区成寿寺路 11 号
　　邮编 100164　电子邮件 315@ptpress.com.cn
　　网址 https://www.ptpress.com.cn
　　三河市中晟雅豪印务有限公司印刷

◆ 开本：700×1000　1/16
　　印张：15　　　　　　　　　　2023 年 1 月第 1 版
　　字数：260 千字　　　　　　　2023 年 1 月河北第 1 次印刷

定　价：69.80 元
读者服务热线：（010）81055656　印装质量热线：（010）81055316
反盗版热线：（010）81055315
广告经营许可证：京东市监广登字 20170147 号

本书赞誉

如今，企业面对着越来越多的不确定性，做好优秀人才的选用育留，尤其是以发展的眼光选对人、放对位置显得越来越重要。本书从基本原理到测评工具，再到多元的案例参考，给管理者提供了简洁明了的解决思路，非常值得一读。

麻亚炜，浙江新通教育科技股份有限公司董事长，杭州市侨联兼职副主席，中国留学行业协会副理事长，中欧国际工商学院校友会浙江分会会长

在今天这个瞬息万变的新时代，人才资产正在成为企业最重要的财富。曾老师的《盘活人才资产》适逢其时，既有理论高度，又融入了他多年的企业咨询经验，具有很强的实操性，值得企业高层管理者仔细研读。

申　音，《中欧商业评论》出品人

老子在《道德经》中提到："知人者智。"古往今来，识人用人都是一门大学问。人才盘点让企业有机会科学、系统地识人用人。通过人才盘点，企业能够发现隐藏在组织中的高潜人才，将合适的人放在合适的位置上，对合适的人加大激励和培养，从而使人才资产实现保值增值。本书理论与实践相结合，落地性强，推荐大家阅读。

王国彬，第七届深圳市政协委员，土巴兔集团创始人兼 CEO，中国建筑装饰协会副会长

"存地失人，人地皆失；失地存人，人地皆存。"《盘活人才资产》为企业管理者提供了一套简捷、高效的人才测评标准和工具。再结合案例分析，读者定能找到所需答案。"才智英敏者，宜加浑厚学问"，望双喜同学早日学贯中西、著作等身。

王伟斌，广州粤华制药有限公司总经理，中欧国际工商学院 EMBA

人对事对，人不对则事难成，企业要像经营资产那样来经营人才。作为一种科学的识人方法和机制，人才盘点能够帮助企业管理者洞悉自己手上有多少张牌，哪几张是好牌，怎样把这些牌打好，从而支撑企业战略与经营目标的达成。曾老师的这本书，结构清晰、理念先进、方法实用、案例翔实，值得一读。

杨　毅，深圳天安骏业投资发展（集团）有限公司董事长兼总裁，

深圳市商业联合会副会长，第九届"深商风云人物"

人才是组织最重要的资产，如何对人才资产进行最有价值的管理，组织需要有共识的理念、成熟有效的方法论和相应的落地工具。毫无疑问，曾老师的这本《盘活人才资产》非常全面地涵盖了以上内容，详细地介绍了经营人才资产的理念，组织盘点和人才盘点的模式与方法，以及人才测评工具和人才盘点结果的运用，并分享了大量的真实案例。曾老师理论知识丰富，并在若干家行业领先企业实践多年，这本书值得各位企业家和管理者仔细研读。

张　军，乐动机器人有限公司 COO，

云印技术创始人，云学堂原联席 CEO，华为原地区部总裁

自序　CEO 们想要的盒子

我们常常说管理者要知人善任，但是在现实工作中，真正能做到知人善任的管理者却寥寥无几。有能力的人没有得到重用，能力不足的人反而被委以重任，这样的事情每天都在发生。为什么会出现这样的现象呢？其中一个重要原因在于，领导者对自己所任命的人并不十分了解。

也就是说，知人是善任的前提，只有了解了一个人的能力特征，才能把他放到合适的位置上，才能量才适用、用人所长。老子说"知人者智"，曾国藩说"宁可不识字，不可不识人"，可见识人是一门大智慧。

碧桂园控股有限公司（以下简称碧桂园）创始人杨国强曾对公司人力资源部前负责人彭志斌说："你能不能帮我搞一个盒子，把一个人装进去，然后按钮一按，就可以知道这人行还是不行，对其的评分是 60 分还是 70 分？"这句话反映出企业家在识人方面的需求是何其迫切，很多企业家都想拥有一个这样的盒子。

为什么说"千里马常有，而伯乐不常有"？就是因为识人实在是太难了。

识人之所以难，主要在于以下几个方面。

（1）冰山以下的素质深藏不露。按照麦克利兰的冰山模型，人员个体素质分为冰山以上的部分和冰山以下的部分。其中，冰山以上的部分包括知识、经验、技能，是一个人的外在表现，是比较容易观察到的部分；而冰山以下的部分包括社会角色、自我形象、特质和动机，它对人员的行为和表现起着关键性的作用，却是难以观察到的部分。

（2）**每个人的特征千差万别**。沙因认为，人是极为复杂的，不但人与人之间是不同的，而且同一个人在不同的时间、地点和条件下，也会有不同的需要和行为表现。

（3）**每个人的需求都有所不同**。根据马斯洛需求层次理论，人的需求可分为生理需求、安全需求、社交需求、尊重需求和自我实现需求。我们常说，人有七情六欲，即使做同一件事，每个人的想法和动机也是有很大差异性的，这种差异性大大增加了管理的复杂度。这就是给下属增加了工资却不一定能留住他的原因。

正因如此，德鲁克曾说："经理人在人员晋升和配置方面的决策能力较差，他们的平均成功率不超过30%。"杰克·韦尔奇在《赢》中曾写道："我用了30年的时间才把人才识别率从50%提高到80%。"

古往今来，无数专家学者都在努力寻找杨国强想要的那个"盒子"，却都未能如愿，直到人才盘点这种方法出现。它虽然不是杨国强说的那种只需要按下按钮就能出结果的智能化的"盒子"，但它与传统的考试方法和单一的人才测评工具有所不同，它是一个科学化和体系化的"盒子"，通过建立一套人才评价机制来提高识人用人的精准度，帮助组织识别优秀人才。在人才测评技术没有出现颠覆性的创新之前，这应该是很多企业家想要的"盒子"。

人才盘点并不是什么新概念，20世纪在欧美国家就被广泛使用。我研究人才盘点近十年，在这期间为众多标杆企业提供组织与人才盘点咨询和培训服务，帮助很多企业发现组织与人才管理中存在的问题，并有针对性地进行优化和改进，使它们获得业绩增长和组织能力的提升。通过十年来一百多个人才盘点项目的经验沉淀，我摸索出一套行之有效的人才盘点方法论和工具体系，并将其整理成书，希望可以帮助更多的企业和经理人更好地识人用人。

本书初稿是在2020年3月完成的，当时我正在居家隔离。在那一个多月的时间里，我每天从早写到晚，以至于一个月下来后，腰痛得厉害，站立起来都很难。在此之后由于工作较忙，搁置了一年左右我才对初稿进行修改。这时我又有了很多新的思考，因此前后又花了近一年时间来修改书稿。

　　在此，要感谢与我合作过的每一位客户，是你们为本书提供了丰富的一手素材；感谢为本书撰写书评的各位朋友、同学、客户与合作伙伴，谢谢你们对本书的认可和肯定，你们的赞誉给了我莫大的鼓励。

　　希望本书能对大家有所帮助，也欢迎广大读者批评指正。

2021 年 9 月于鹏城

目　录

第 1 章

经营视角看人才

1. 用经营资产的思维来经营人才

当今世界，科技日新月异，经济飞速发展，企业之间的竞争越来越激烈。在日益复杂、充满不确定性的市场环境中，一家企业能否持续稳定地发展，不仅仅取决于企业规模、成本结构、盈利模式、资金链等，能否持续培养优秀人才也是关键因素，这已成为学术界、企业界的共识。因此，企业间的竞争归根结底是人才的竞争，人才已成为企业持续、健康、稳定发展的决定性因素。

国际商业机器公司（以下简称IBM）在2015年全球CEO挑战调查中发现，人力资本挑战在中国乃至全球均排名第一。智睿咨询公司（以下简称DDI）的调查显示，许多中国企业的首席执行官（以下简称CEO）将人才问题视为企业面临的最大挑战，甚至超过了创新风险、全球化风险和政治风险。缺乏人才具体会产生什么后果呢？33%的CEO认为企业的创新力会受到极大影响，29%的CEO认为企业将错失新的市场机遇，25%的CEO认为企业将被迫延迟或取消重大的结构性计划，由此产生的机会成本无法估量，还有13%的CEO认为会对企业产生其他影响（见图1-1）。

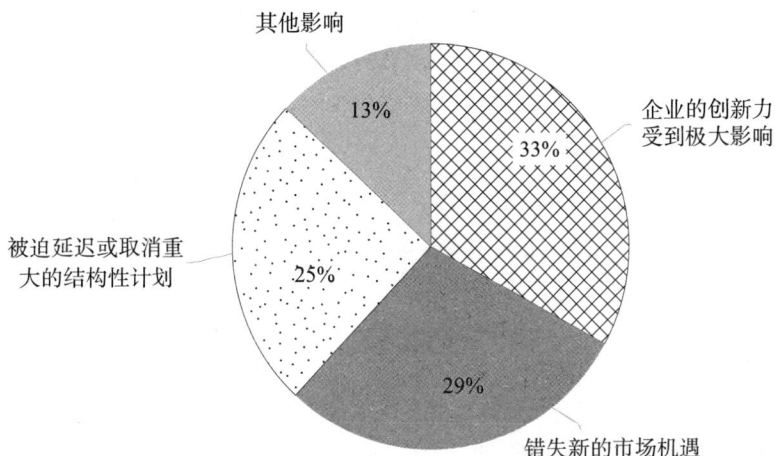

图 1-1　不同比例的 CEO 认为企业缺乏人才的后果

　　人才的重要性引发人才概念的不断升级。很早以前，人们把人才管理工作叫做人事管理（Personnel Management）。1953 年，管理大师德鲁克在《管理的实践》一书中首次提出"人力资源"（Human Resource）的概念，他认为，企业真正的资源只有一项，那就是人力资源。然而，当我们把人当作资源时会存在两个局限：一是把人员开销视为成本；二是资源一方面会创造价值，另一方面其本身也会被消耗、贬值。这就产生了一个问题：员工在企业工作了很长时间，他们创造了很多价值，但是被使用的价值却在不断减少。如果企业仅仅从资源的角度看待人，就总想将资源最大化利用，让其更有效率地运转。从员工的角度来考虑，如果被过快、过度使用，他们很快就没价值了，而他们很想保持价值。因此，这就会导致企业和员工之间形成你赢我输的局面。

　　后来，有人提出"人力资本"（Human Capital）的概念。把人看成资本的好处是，企业的关注点不再是成本，而是投入产出比。企业在考虑问题时，会从投资回报的角度来看这些投入能否给企业带来更高的收益。把人看作资本的思路激发出员工创造的激情，把人的潜力最大化了。但是把人当成资本也有缺陷，那就是太注重人的经济价值，企业只用一个维度去衡量员工——你能赚到多少钱。

再后来，李瑞华教授提出了"人才资产"（Human Asset）的概念。资源与资产有什么不同呢？资源是用来消费的，容易贬值，而资产可以保值和增值。

与人才相关概念的升级如图 1-2 所示。

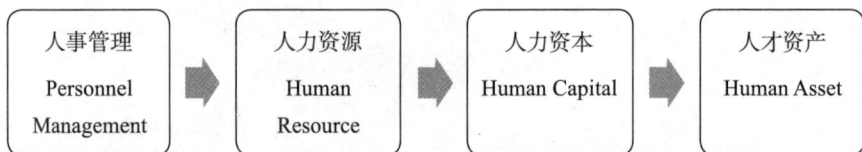

人事管理 Personnel Management	→	人力资源 Human Resource	→	人力资本 Human Capital	→	人才资产 Human Asset

图 1-2　与人才相关概念的升级

资产不一定会在当下产生价值，但是从长期来看，会给我们带来意想不到的丰厚回报。例如，你买了一只鸡，如果你把它当作资源使用，可以做成白切鸡、口水鸡、黄焖鸡等，吃完就没有了；如果你把它当作资产使用，让它每天下一个蛋，就可以得到更多的鸡和蛋。

当企业管理者用人才资产的概念来管理员工时，就会更注重长期、可持续的成功，而不是只看到一时的利益。也就是说，不只是简单地把人招进来，还会花精力去培养他们，为他们提供施展才能的舞台。当员工在为企业创造价值的同时实现增值，员工就不仅是在为企业打工了，也是在为自己打工。这时企业和员工的关系会发生质的突破，创造出企业与员工双赢的局面。

2. "合适的人"才是有效资产

当我们把人才当作资产来看待时，就意味着人才已成为驱动战略的无形资产，他的价值已超越土地、资金等有形资产。

正如李祖滨老师在《聚焦于人》一书中所说的，这是最好的时代，也是最坏的时代，但终究是人的时代。任正非仅拥有华为 1% 左右的股份，但他仍是华为的绝对领袖；马化腾也只拥有腾讯不到 10% 的股份，而腾讯仍唯他马首是瞻。

当然，我们要避免陷入"人人是人才"的误区，"人人是人才"把人和人才这两个概念混为一谈、把每个人都当作人才。它有两个重要的前提。

第一，将人放到一个规模较大的企业乃至整个社会中，给他们提供非常多的发展机会，这样每个人总会找到一个适合自己能力的职位。但是，任何一家企业里的职位和发展机会都是有限的，并非每个人都能找到合适的位置，所以很多企业才有了严格的招聘选拔机制和流程。

第二，基于人才供应充足的前提，通过优胜劣汰总能找到最合适的人才。但是近年来企业连续出现"用工荒"，劳动力结构发生了显著变化，人才竞争激烈导致人才流失率居高不下，这些外界因素使这种人才管理理念遭遇了困境。

按照人才金字塔原理，处于金字塔顶端的优秀人才往往是最少的，任何岗位都不可能完美匹配，企业选到平均素质人才的概率最大。美国通用电气公司（以下简称通用电气）前 CEO 杰克·韦尔奇提出著名的"活力曲线"理论，他认为，在一家公司中，优秀员工、普通员工和业绩较差员工是呈比例分布的：优秀员工占 20%，普通员工占 70%，业绩较差员工占 10%。

前面 20% 的人是 A 类人才，他们有激情，有团队激励能力，是企业最宝贵的财富，乔布斯常说苹果公司的成功就是因为有一批 A 类人才；中间 70% 的人是 B 类人才，这是企业管理的重点对象，因为他们向上可以提升为 A 类人才，向下则可能成为业绩较差的那 10% 中的一员；最后的 10% 往往说明他们并不适合自己的岗位，如通过培训、调岗等方式仍无法达到岗位要求，则可以考虑让他们离开企业去寻找更适合发挥自身能力的平台。

从某种程度上来讲，通用电气的市值从 130 亿美元上升到 4 800 亿美元，通用电气能从全美上市公司盈利能力排名第十位发展成曾位列全球第一的世界级大公司，韦尔奇的这个"活力曲线"贡献甚大。

韦尔奇作为首席执行官上任的时候，通用电气的电器部门有 4.7 万名员工，每年的利润只有一亿美元；而通用电气信贷部门的员工人数不到 7 000 名，也贡献了接近一亿美元的利润。于是，韦尔奇大刀阔斧地削减前者、发展后者。最后，通用电气大概有四分之一的部门和 10 万多人被裁撤、淘汰掉了，由此杰克·韦尔奇赢得了"中子弹杰克"的称号。

尽管如今通用电气已风光不再，前段时间也刚被拆分为三个独立的公司，但不可否认韦尔奇这个"活力曲线"曾经创造过的辉煌及其给整个企业界带来的影响。在国内，华为、京东等企业都是"活力曲线"的推崇者，只不过比例有所不同，有的是 271 法则，有的是 361 法则，有的是 2431 法则。

总的来说，"人人是人才"是一个伪命题。因此，华为的人才管理理念是"以奋斗者为本"，而不是"以人为本"，因为只有符合企业发展需求的"人"才是人才。也就是说，"合适的人"才是企业的有效资产，"不合适的人"则是无价值的资产。因此，要准确地掌握每一个人的能力特征（特别是他的长处），把不合适的人剥离出组织，把合适的人放在合适的位置上，并加强对其的激励和培养，这样才能使人才资产实现保值和增值。

3. 容易被忽视的人才困境

许多企业在人才方面的困境，其实远比想象中的要严重和复杂。由于业务发展的速度过快，人才青黄不接的现象突出，人才供应不足又反过来制约业务的发展，造成恶性循环。IBM 的调查表明，只有 12% 的中国企业认为他们拥有足够的储备人才来应对未来的业务挑战。究其原因，许多企业在人才管理上存在图 1-3 所示的几个方面的问题。

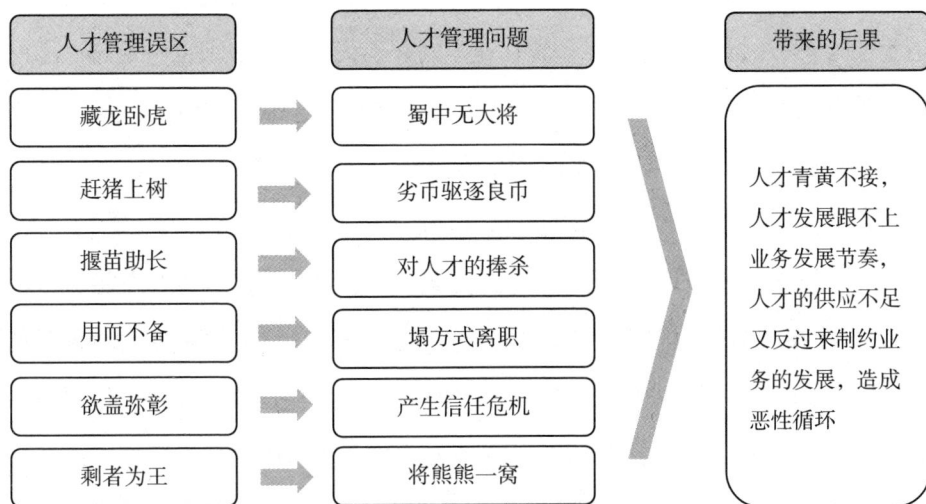

人才管理误区	人才管理问题	带来的后果
藏龙卧虎	蜀中无大将	人才青黄不接，人才发展跟不上业务发展节奏，人才的供应不足又反过来制约业务的发展，造成恶性循环
赶猪上树	劣币驱逐良币	
揠苗助长	对人才的捧杀	
用而不备	塌方式离职	
欲盖弥彰	产生信任危机	
剩者为王	将熊熊一窝	

图 1-3　企业常见的人才管理问题

（1）**藏龙卧虎**。麦肯锡的一项调查表明，人才隐藏（又称人才私有化）是人才管理的三大障碍之一。我曾协助众多大型企业开展后备人才选拔项目，发现最优秀的一流人才往往不会被下属单位推荐上来，被推荐上来的基本上是二流人才。为什么会出现这种现象呢？因为下属单位的领导担心一流人才离开后，自己所负责单位的业绩会受到影响，同时也担心一流人才将来会成为自己职位晋升方面的竞争对手。因此，一流人才往往会被那些下属单位领导留在身边，造成企业"蜀中无大将"的假象，以致 CEO 和人力资源部门无法在全企业范围内统一调配人才。针对这点任正非曾说："干部必须是跨部门的资源，华为坚决不允许干部板结和干部只在某个部门或系统里循环。"华为成立了专门的总干部部，从总部层面对中高级的干部进行统一管理。

（2）**赶猪上树**。一些企业往往凭领导的个人感觉来用人，人才质量不行就用数量来凑，或者将人放在不合适的岗位上，如安排负责核心业务的人去开拓新兴业务、把一个不具备管理思维的业务高手提拔到管理者的位置上、让一位没有大局观或缺乏决断力的人去做一把手……有的企业讲究凭业绩说话，但是业绩好并不一定代表能力强，现在业绩好并不代表将来业绩也一定好，优秀业务员升任管理者后不胜任的例子太多了。这些用人不当的做法，都会导致"劣币驱逐良币"的结果。久而久之，优秀员工对工作的兴趣逐渐消磨殆尽，这种现象我们称之为"电力减弱"，最终他们唯有负气离开。

（3）**揠苗助长**。许多企业在人才培养方面急功近利，希望人才能够"速成"，采取揠苗助长的方式将人才推上更高的职位，让他们控制更大的预算和管理更大的团队。这样的培养方式不但无法加速人才的成长，反而对他们是一种"捧杀"，会带来很多的伤害。当后备人才被调任到他们毫无经验或并不擅长的岗位时，他们往往适应不了新的挑战，可能在工作方面不断犯错误，致使企业业绩受到严重影响，后备人才也可能因自信心受挫而辞职。

（4）**用而不备**。许多企业平时不注重人才的培养，没有为关键岗位储备后备人才，一旦重要人才提出辞职，管理者往往就会感到措手不及、束手无策，很难在较短的时间内找到继任人选。我们知道，重要人才尤其是核心管理层提出离职，基本上都已经为自己找好了下家。此时，挽留他的成功概率几乎为零。关键人才的离职给企业带来的创伤非常大，如空缺职位的工作不得不停止，整体工作节奏受到影响；可能造成军心不稳，士气低落；竞争对手也会乘虚而入，抢夺市场份额和人才，原有的积累功亏一篑；核心秘密泄漏……如果不能快速找到合适的继任人选来稳定局面，或者找到的继任人选不合适，就会导致新的离职事件发生，最终引发"塌方式"的连锁反应，人才接二连三大批流失，从而造成无法收拾的局面。

（5）**欲盖弥彰**。由于人才流失成本高、人才谈判能力强，许多企业被人才"绑架"。面对员工的离职,一些企业采取了一些不合适的做法,一方面尽量将员工离职的信息保密,以免对其他员工造成影响;另一方面不敢公开员工离职的真正原因,基本上以身体与家庭的原因为借口,甚至归结为员工能力跟不上企业的发展。这样的做法会使企业内部产生严重的信任危机,反过来又会影响员工对企业的归属感,从而导致更多的人才离开。

(6)剩者为王。优秀人才都离开了,但工作还要继续做,这时就会出现"剩者为王"的情况,一些企业管理者会认为留下来的人对企业是非常忠诚的,他们才是真正的人才,并将留下来的人视为企业的中坚力量,从而出现"蜀中无大将,廖化作先锋"的局面。所谓"兵熊熊一个,将熊熊一窝",平庸的领导者要么导致优秀的员工离开,要么带着员工一起平庸,最终使组织"集体平庸化"。

以上几个问题归结起来就是企业人才管理的"四大不幸":一是没有人才;二是有人才没有被发现;三是人才被发现了却不被重用;四是重用了人才却没有留住。这些问题最终都会影响企业的战略落地和经营业绩。

4. 大多数企业对人才是伪重视

正因为人才的重要性,许多专家学者都把人才放到了非常重要的位置。吉姆·柯林斯在《从优秀到卓越》一书中,通过对《财富》500 强企业进行长达30 年的业绩变化研究发现,要将一家企业从优秀推向卓越,并不是先确定目的地,然后再把人们引向那里;相反,他们先把合适的人请上车(不合适的人自然被请下车),然后决定去往何处。他将这条规律总结为"先人后事"。

在企业界,我们也听到了同样的声音。杰克·韦尔奇说,"世界上所有精湛的战略和技术都将毫无用处,除非你有优秀的人来实践它";任正非曾说,

"华为什么都可以缺，人才不能缺；什么都可以少，人才不能少；什么都可以不争，人才不能不争"。

字节跳动创始人张一鸣指出，随着公司的成长和业务的增加，最关键的是要让优秀人才的密度超过业务复杂的程度。他认为一名优秀的 CEO 也应该是优秀的 HR。如果把公司当作一个产品，主要有三种输入：第一种是资金输入，第二种是机会输入，第三种是人才输入。输入和管理决定输出，输入中最重要的是人才输入。

世界上许多成功企业的领导者会花 1/4 以上的时间来发掘和培养优秀人才。在通用电气和宝洁公司，该比例接近 40%。在国内，百度创始人李彦宏每天至少要把 1/3 的时间花在人才培养和管理上，小米公司创始人雷军在创业初期每天要花 70% 的时间寻找人才，三一集团创始人梁稳根每个月雷打不动地抽出一两天的时间与晋升人才交流谈话，联想集团的高级主管将 30% 的时间用于人才管理。创新工场创始人李开复也建议每个 CEO 都应该将 30% 以上的时间用在发掘和培养人才上。

碧桂园创始人杨国强曾请教平安集团董事长马明哲："你管理平安的万亿资产，有什么秘诀吗？"马明哲说："我的秘诀就是用优秀的人。"受这次对话的影响，回去之后杨国强立即开展大规模的人才建设工作。此后，碧桂园如同一辆列车极速向前狂奔，6 年间发生了翻天覆地的变化——2011 年碧桂园年销售额是 432 亿元，而 2019 年则达到了 5 522 亿元，这样的增长速度在中国地产界是不多见的。

然而，许多企业的 CEO 其实并没有把人才放到那么重要的位置上。几乎每一个 CEO 都会说人才是第一位的，但事实上很多人仅仅把它停留在口头上，雷声大、雨点小，口号喊得很响亮，却不舍得在人才培养方面花钱，结果只能徒劳无获；有一些企业舍得花钱，却不舍得花时间，急于求成，希望人才一夜之间就能拥有"超能力",匪夷所思;甚至有的企业管理者既不想花钱也不想花时间,还想要业绩增长,简直就是异想天开。企业对待人才的四种态度如图 1-4 所示。

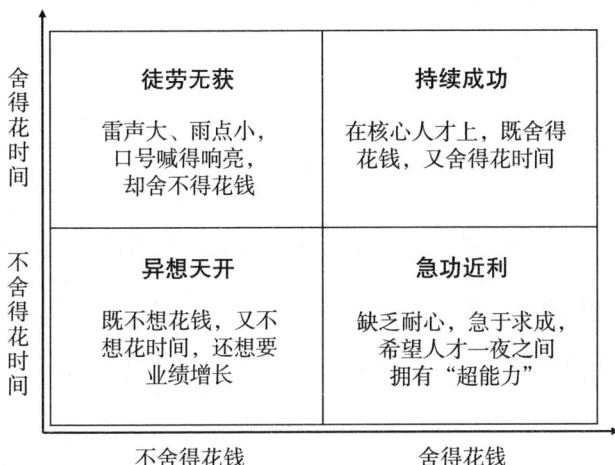

	舍不得花钱	舍得花钱
舍得花时间	**徒劳无获** 雷声大、雨点小,口号喊得响亮,却舍不得花钱	**持续成功** 在核心人才上,既舍得花钱,又舍得花时间
不舍得花时间	**异想天开** 既不想花钱,又不想花时间,还想要业绩增长	**急功近利** 缺乏耐心,急于求成,希望人才一夜之间拥有"超能力"

图 1-4 企业对待人才的四种态度

企业战略的制定常常只需要高层领导的参与,快则几周,慢则数月,但是组织能力的打造却是以年为单位的,并且需要企业上下全体员工的持续投入才会见效。因此,许多企业领导者的兴趣和工作重点通常集中于讨论企业战略,而往往把人才建设的难题丢给人力资源部门去解决。他们没有意识到有些事情出现问题的原因就是人岗不匹配。如果他们能理清问题的根源,花时间建立人才管理体系,就不必如此忙于应付突发事件、到处"救火"了。

同时,许多企业的人力资源部门缺乏系统的人才管理方法,导致业务部门与 HR 从业者的矛盾冲突加剧,业务部门责怪 HR 从业者不懂业务,HR 从业者责怪业务部门不懂管理。因此,我们不能仅要求 HR 从业者懂业务,还应要求业务领导懂管理。通过研究发现,所有优秀的领导者都是双轮驱动,一只手抓业务，一只手抓组织和人才。但事实上，许多企业的业务部门领导过于关注业务发展，对人才的关注与投入相对不足，对团队成员的情况并不熟悉，难以深度把握每个人的优势与潜能，无法充分发挥团队战斗力，常产生孤军奋战的感受，虽有不少下属但总觉得无人可用；也无法为团队成员提供个性化的辅导，在人才培养方面心有余而力不足。

5. 对外挖"脚"不如向内挖潜

要解决人才匮乏的困境，无非是开源和节流两种方式。所谓节流，就是减少人才的流失，但是这种存量思维的人才建设方式往往无法满足企业不断发展的业务需求，因此企业就需要关注如何"开源"。人才的来源一是外部招聘，二是内部培养。

几乎每一位 CEO 都表示过对人才的渴求，甚至有些人会表示"不惜代价"。实际上，很多 CEO 缺乏足够的耐心，他们希望人才像豆芽一样两三天就能快速长成。当短期内看不到成效时，他们就开始打"退堂鼓"。这种短期化思维反映了企业管理者对人才发展的重视度与投入度不够，他们会更多地把重心放在"挖墙脚"似的外部招聘上，人力资源部门沦落为"应急式"的招聘部门。这不仅不是重视人才的表现，而且可能会让企业随时陷入人员危机。

杨国安教授指出，为了抓住商机实现战略转型和高速发展，许多企业偏向于用高薪高职位的方式吸引外部有经验的人才，这种诱惑让人才难以抗拒，同时也让他们的期望值节节攀升，如果原企业不能马上满足他们在薪酬待遇和职位升迁上的要求，他们就会毫不犹豫地投入他人的怀抱，这就让辛苦培养他们的企业"竹篮打水一场空"。考虑到培养人才有可能是为他人作嫁衣，许多企业更不愿意投入资源发展人才，这样就形成了一个恶性循环。

从外部引进一些有经验的人才虽然可以解企业的燃眉之急，但他们可能存在水土不服的问题，成本也较高，过多依赖外部"输血"还会给企业带来一些挑战，如影响内部士气、文化融合等，更重要的一点是，依赖"输血"而自身"造血"功能不健全的企业是没有持续竞争力和强大生命力的。

因此，即使企业千辛万苦地从"人才抢夺战"中赢得自己所青睐的人才，也不意味着从此就可以高枕无忧了。人才市场供需不平衡的状况决定了"人才抢夺战"是一场持久战，一不留神企业的目标人才就会被竞争对手以更优厚的待遇挖走。

许多企业家和学者一致认为，要想在今天的商战中获胜，并为明天的成功奠定基础，不仅需要"猎人"式的制胜策略，更需要"农夫"般的耐心耕耘，同时还须建立有效的人才培养机制，这样才能支撑企业的高速发展和战略转型。许多优秀企业的 CEO 表示，他们倾向于在内部培养人才，而不是到市场上寻找，这样可以保持企业的平稳发展和人才的正常过渡。

由于人才需求预测很难做到十分精确，要保证不会出现人才短缺的情况，就必须培养超过预期需求数量的人才，这虽然有可能导致人才过剩，使企业用人成本增加，但即便如此，内部培养的成本仍然低于外部招聘的成本，更远低于人才流失的成本。德勤公司（Deloitte）的调查表明，招聘一名普通中层管理人员的花费大约是培训一名员工所需费用的 50 倍。这是因为支付给内部后备人才的薪酬大多数情况下比外部招聘所花费的费用要低。

吉姆·柯林斯和杰里·波勒斯在《基业长青》一书中表明，企业基业长青的秘诀之一就是使用在自家长成的经理人。他们发现，在那些优秀企业的 113 位 CEO 当中，只有 3.5% 来自企业外部，而在对照企业（业绩相对较差的企业）中，却有 22.1% 的 CEO 来自企业外部。也就是说，优秀企业提拔内部人员成为 CEO 的可能性是对照企业的 6 倍。因此，优秀企业的关键特征之一就是各层级的核心人才来自内部培养。

DDI 在 2015 年《全球领导力展望》报告中指出，如果一家公司 80% 的领导岗位皆由内部候选人竞聘上岗，那么这家公司在领导者被任命以后的成功率可能比其他公司的高出 3.8 倍。

雅虎曾经是站在世界之巅的互联网巨头，现在已走向了没落，与之形成鲜明对比的则是其曾经的竞争对手谷歌，它如今在技术和商业方面都遥遥领先。雅虎和谷歌之所以最终获得两种不同的结局，很大程度上在于前者更相信"空降兵"，而后者则喜欢从内部选拔高管。

京东集团董事长刘强东对管培生的关注度远远超出一般企业的领导，除了亲自参加课程开发和参与授课外，他还会抽出大量时间与管培生谈心交流，甚至亲自带领管培生在实际工作中摸爬滚打。正因如此，京东集团在"空降兵"高管频繁离职之后，仍能维持高速发展，因为这些自家培养的管培生已经成长了起来。

董明珠接任格力电器董事长后，上任的第一件事就是培养后备人才。因为她清楚地知道，要打造百年企业，关键在于人才。现在格力 70% 以上的中层干部都是从一线培养出来的。

当然，并非所有人才都要从内部培养，不同层级有不同的要求。当企业处于稳定发展期时，内部人才培养可以遵循"六七八原则"（见图 1-5），即从内部培养的基层管理者占 60% 以上，从内部培养的中层干部占 70% 以上，从内部培养的高层领导占 80% 以上。当企业处于创业期、快速发展期、战略转型期时，从内部培养人才的比例可以相应下调。

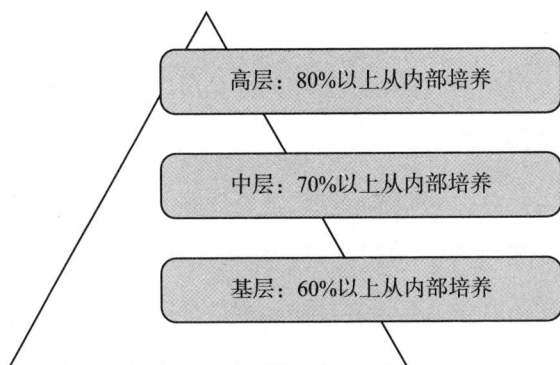

图 1-5　内部人才培养 "六七八原则"

6. 用人才盘点打通战略 - 组织 - 人

对于 CEO 和业务领导者来说，要想实现战略落地和业绩增长，首先要问自己是否做到了以下几点。

（1）制定战略的时候，清楚地知道企业的组织与人才状况能不能支撑企业未来 3 ~ 5 年的战略落地。

（2）想用人的时候，有多个合适的人选，并知道每个人的贡献度、能力、优劣势与风险点。

（3）想发展新业务的时候，知道现有人才队伍行不行，用哪个团队、哪些人能打胜仗。

（4）业务快速发展的时候，能为一线源源不断地输送优秀人才，快速搭建团队和形成人才梯队。

（5）经营出现问题的时候，知道哪个团队或哪些人的哪些行为可能会导致绩效不佳。

（6）培养人才的时候，知道重点培养哪个团队、哪个群体能为企业快速输送优秀人才。

（7）进行人才激励的时候，知道不同类型员工的需求是什么、从哪个方面入手可以激发团队的士气。

要想做到以上几点，我们就必须搞清楚战略和组织与人才之间的关系（见图 1-6）。企业战略要落地，可以通过战略地图将战略分解成财务层面、客户层面、内部流程层面及学习与成长层面的指标。要实现这些指标，一般要打几场关键战役也就是硬仗，这就对企业的组织能力提出了相应的要求。基于这些组织能力的要求，我们进行组织设计与岗位设置，由此形成岗位地图；而岗位需要有人才能开展工作，这时企业就产生了对人才的需求，如需要多少人、人才质量（能力、态度等）怎么样，由此形成能力地图；基于人才数量和质量的要求，我们需要总结现有人才队伍与其之间的差距，并开展人才评价或人才盘

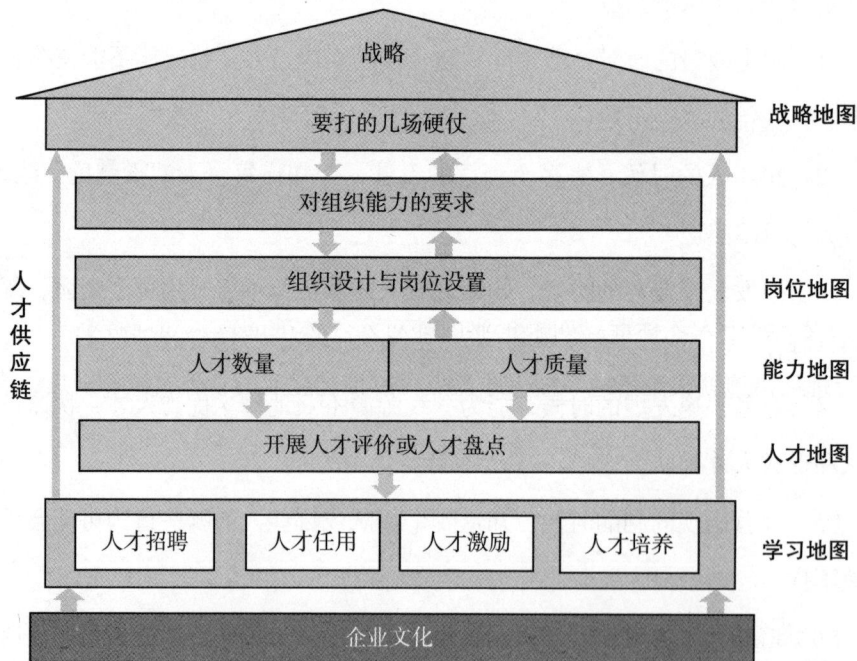

图1-6　战略与组织和人才之间的逻辑关系

点，由此形成人才地图。基于人才盘点的结果，有针对性地开展人才招聘、任用、激励和培养，形成人才供应链来支持组织能力的提升，进而实现战略目标。在这一系列过程中，企业文化作为一家企业的根基在持续发挥全方位的影响作用。

也就是说，作为战略和绩效之间的一个很重要的连接，人才盘点能够实现人与岗位的匹配、人与文化的匹配、人与战略的匹配。

因此，对于企业来说，人才盘点的目的与价值如图 1-7 所示。

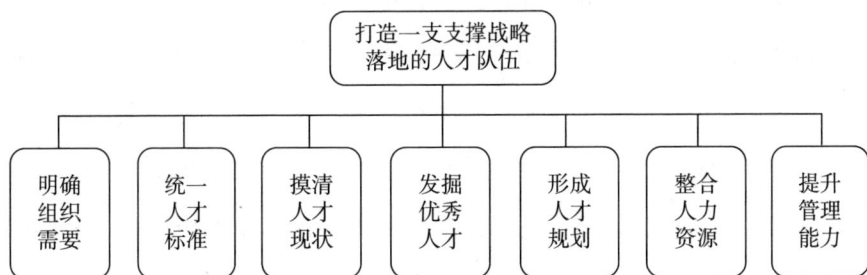

图 1-7　人才盘点的目的与价值

（1）**明确组织需要**。人才是为组织发展战略服务的。人才盘点首先就是通过分析企业发展战略，并基于当前与未来的组织架构、岗位设置，明确究竟需要什么样的人才队伍。

（2）**统一人才标准**。如果企业内部对人才标准的认识和理解不一致，人才管理的措施就很难落地。而人才盘点可以推动企业的管理人员特别是经营决策层用统一的标准来评价人、选拔人、培养人。

（3）**摸清人才现状**。在企业发展过程中，如何清晰地了解企业是否具有足够的人才储备应对未来？通过人才盘点，可以清楚地了解自己的人才队伍的优势和劣势、未来需要补充什么样的人、重点培养或任用什么样的人，以及淘汰哪些人。

（4）**发掘优秀人才**。人才盘点不仅可以帮企业了解整个人才队伍的现状，而且能够让企业清楚哪些是核心人才、哪些是高潜人才，这对企业未来的发展至关重要。通过人才盘点，可以发掘高潜人才，确定各岗位的继任人选。

（5）**形成人才规划**。人才盘点不是就人的问题讨论人，而是根据企业战略发展需要及人才现状，有针对性地拟定一系列人才规划，包括人才的引进、晋升、流动、培养、激励等，形成人才管理的行动纲领。

（6）**整合人力资源**。人才盘点最大的价值就是将人力资源系统性地整合起来，使胜任力与任职资格、绩效考核与能力评价成为一体，使人才选拔与人才培养无缝连接，使组织需要与员工需要相匹配，从而使人才发展支撑企业业务发展，各个模块不再是孤立脱节的，而是形成一个系统、一个整体。

（7）**提升管理能力**。在人才盘点中，上级除了对被评价人的业绩、素质能力、优劣势给出评价，还要基于企业未来战略的需求对团队人才如何布局、整体能力如何提升等做出具体的思考与规划。在这个过程中，若上级对下属关注度不够或对标准不理解，将很难进行准确的评价，这也倒逼管理者提高对下属的关注度，提升自己在团队管理方面的意识与能力。在人才盘点中，通过讨论过程中的思维碰撞，可以帮助管理者理清人才管理思路、提升人才管理能力。

所以说，人才盘点就是组织的发动机，它上承战略、下接绩效，有效地打通了"战略—组织—人"，实现了企业与员工的共同发展。

第 2 章

人才盘点盘什么

1. 人才盘点的前世今生

盘点一词最初用于货物管理，商家通过定期盘点现有库存（存量），根据需求量确定下一步的采购量（增量）。在市场经济中，人作为一种无形资产，与货物一样也需要盘点。

人才盘点的概念起源于通用电气。通用电气将公司的管理分为四个阶段：阶段 A 指未来三年的业务规划，相当于国内公司的战略规划；阶段 B 指公司第二年要完成的目标规划，国内公司通常叫做年度工作计划；阶段 C 即人才盘点，从人力资源的角度审视公司的一系列目标与计划，它是识别人才的过程，也是识别公司发展对人才和组织需求的过程；阶段 D 是对人才在遵纪守法与诚信方面的评估。由于人才盘点会议在阶段 C 召开，所以人才盘点会议也被称为 C 会议。

在 C 会议上，公司 CEO 和人力资源副总裁会见每个业务单位的主管和人事主管，讨论领导力和组织问题。在长达 12 ~ 14 个小时的会议中，与会者对业务单元内有潜质的人才及组织的优先目标做出评估，并制订相应的高潜力人才培养发展计划。通过这一机制，高潜人才成为通用电气人才发展和组织发展重要的后备力量。在通用电气 100 多年的发展历史中，其虽然一共只有 11 任CEO，但却为世界培养出了 155 位 CEO，而且其也不存在 CEO 离任时无人接任的困境。

阿里巴巴集团（以下简称阿里巴巴）是国内最早开展人才盘点的企业，由原首席运营官关明生从通用电气引进。马云曾说过："资产是桌子、椅子，每天都要盘一遍。人也是集团的资产，所以每年也要盘一下，就是要看一看到底人有没有增值。"因此，阿里巴巴每年必做三件大事：2 ~ 5 月做人才盘点，9 ~ 10 月做组织战略，11 ~ 12 月做组织预算。人才盘点的时间在战略和预算之前，说明阿里巴巴秉承的是"先人后事"的理念；人才盘点的周期比战略和预算的周期长，体现了阿里巴巴对人才盘点的重视程度。

阿里巴巴大概是在 2008 年开始做人才盘点的，马云当年就对这项工作的结果很满意，因为他觉得自己手里有牌了。没做这件事情之前，他不清楚自己手里有什么牌。阿里巴巴每次开盘点会，马云会问高管这些问题：第一，今年企业成长最快的 100 位员工是谁？第二，你是怎么帮助这些成长很快的员工的？第三，你今年开除了哪些员工，为什么开除他们？如果回答不出来，那么这位高管就不合格。马云要求管理者对所有下属都了如指掌。

如今，随着人才盘点在国内的应用越来越广，其呈现出图 2-1 所示的几个发展趋势。

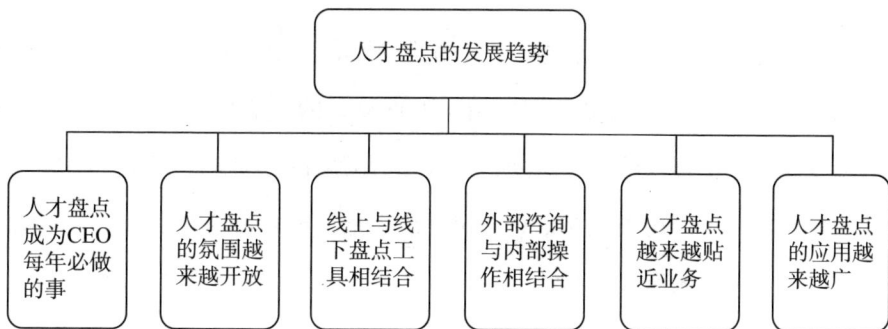

图 2-1　人才盘点的发展趋势

（1）人才盘点成为 CEO 每年必做的事。随着市场竞争的愈发激烈，外部人才市场变得供不应求，外部招聘成本不断攀升，越来越多的企业意识到了内部培养人才的重要价值，逐渐将关注点转移到了企业内部。这种"由外而内"的人才培养理念，促使许多企业将人才盘点列为经营管理的常态化工作之一，并将它和战略规划、年度预算放在同等重要甚至更加重要的位置，成为企业CEO每年必做的事。

（2）**人才盘点的氛围越来越开放。**随着移动互联网的去中心化，人们交流的时间和空间阻碍被消除，人与人之间的联系更方便了，信息不对称的情况逐渐消失，人的主体意识得到极大释放，从而导致人的价值观发生变化。人们越来越渴望个性、自由、尊重、快乐，而这些变化也促使企业的管理理念越来越开放、包容和多元。过去，人们在讨论人事安排等敏感问题时总是遮遮掩掩，做足保密工作。未来，越来越多的企业将以更加开放的氛围来讨论人才的选拔、任用、培养和激励问题。当然，这种开放是逐步进行的，并非一蹴而就的。

（3）**线上与线下盘点工具相结合。**VUCA^① 时代，高效、快速、敏捷成为对人才管理的主要要求之一。规模较大的企业由于人数众多，盘点过程中的工作量、数据量非常大，像过去那种完全依靠人工操作的方式将逐渐被淘汰。目前，很多线上的工具或系统能够将 HR 和业务部门从繁杂的事务性工作与海量的数据中解放出来，将更多的精力用于处理复杂的专业性工作。通过数据化分析可以洞察组织存在的深层次问题，其分析结果也更加科学客观。但是，在目前的技术条件下，仅仅依靠信息系统无法完全实现对人的科学化、立体化评价，因此企业需要采用线上与线下相结合的方式来开展人才盘点工作。

（4）**外部咨询与内部操作相结合。**人才盘点是一项专业性较强的工作，

---

① VUCA 是 Volatility（易变性）、Uncertainty（不确定性）、Complexity（复杂性）、Ambiguity（模糊性）的英文首字母缩写。

特别是其中的胜任力模型构建、人才测评等，需要操作者具有扎实的心理学、管理学基础，同时还要有丰富的实操经验。虽然人才盘点在国外已流行了很多年，但在国内只有部分企业实施成功，许多企业的 HR 和业务部门仍不具备开展人才盘点的知识、经验和技能，同时也缺乏科学的盘点工具。虽然咨询机构以其客观中立的态度得出的人才盘点的结果更容易让企业接受，这也是许多企业选择借助第三方如咨询机构的力量来完成人才盘点工作的缘由，但是企业内部人员对行业和企业的实际情况比外部顾问更加了解，所以采取内外部相结合的操作方式就成为企业最理想的选择。

（5）**人才盘点越来越贴近业务**。许多企业把人才盘点当作一个项目或一项运动来开展，搞得轰轰烈烈。实际上，人才盘点不应当是运动式的工作，而应当融入企业的日常经营管理与组织发展中，成为贴近业务的轻管理动作。例如，某企业通过业绩数据分析发现，入职一年以内的新员工和三年以上的老员工业绩较差，于是人力资源部门对这两部分员工进行分析，并对其进行访谈，找出了背后存在的共性问题，有针对性地改进了业务策略，从而使企业业绩获得了增长。

（6）**人才盘点的应用越来越广**。由于人才盘点工作与战略、组织和人才密切联系，帮助企业打通人才管理的"任督二脉"，有效地支撑企业战略落地，因此越来越多的企业将人才盘点工作作为人才管理的切入点，将其全方位运用于人才的选、用、育、留各个方面。由于市场变幻无常，长期人才规划很容易出现误差，超出预期需求的人才培养成本也很高，即时制的人才规划应运而生。企业需要每年通过人才盘点来了解战略、组织和人才的状况，以便制定更加符合企业需求的人才管理策略。

2. 人头盘点不是人才盘点

一家互联网金融企业曾开展过多年的人才盘点工作，但效果一直不是很理想。每当要开展人才盘点的时候，员工都人心惶惶，担心自己被淘汰；各部门提交的人才盘点结果显示，优秀员工一大堆，而企业的整体效益并不好，很多部门的业绩也在下滑；根据人才盘点结果获得晋升和加薪的员工并不是平时表现最优秀的员工，而一些能力较差的员工却继续留在组织当中。老板对此很不满意，员工更是怨声载道。于是，该企业的首席人力资源官（Chief Human Resource Office，CHO）邀请我过去进行指导。在看了该企业人才盘点的整体方案、盘点结果，以及盘点过程中使用的模型、工具之后，我说："你们这不叫人才盘点，只是人头盘点。"

与上面的案例一样，许多企业也开展过人才盘点工作，通常的做法是：部门负责人凭感觉给下属打分，然后把他们排到九宫格中去，最后大家对得出来的结果有很大意见，盘点结果不能用也不敢用，效果也不尽如人意，最终只能草草收场。为什么会出现这样的问题呢？

出现以上问题的原因主要是存在管理和技术方面的两大误区，具体如图2-2 所示。

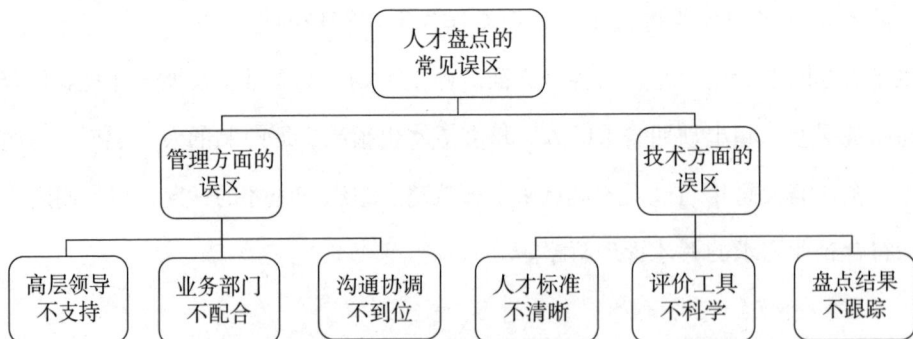

图 2-2　人才盘点的常见误区

人才盘点在管理方面的误区有以下三点。

（1）**高层领导不支持**。人才盘点是为支撑企业战略服务的，是为企业经营服务的，如果仅仅由人力资源部门来运作，高层对此不关注，或者只是被动参与，这样人才盘点的价值会大打折扣。因此，开展人才盘点工作首先要获得高层领导（特别是董事长、CEO）的支持。

（2）**业务部门不配合**。人才盘点同时也是在帮助业务部门更好地识别人才，因此业务部门是其中的重要参与者。有的企业全程由人力资源部门在艰难地推动该项工作，而业务部门对此无动于衷、漠不关心，如需要做访谈借故没时间，需要开展测评又不配合，这样的人才盘点最终也很难成功。

（3）**沟通协调不到位**。在人才盘点过程中，沟通协调非常关键，高层领导的支持度与业务部门的配合度都与此有关。良好的沟通协调会消除高层领导和业务部门的误解与偏见，使人才盘点工作更加顺利地开展。

人才盘点在技术方面的误区有以下三点。

（1）**人才标准不清晰**。人才标准（通常是胜任力模型）是人才评价的基础，如果标准不清晰、不明确，就无法对人的能力做出科学评价。有的企业没有胜任力模型，在开展人才盘点工作时只罗列一些学历、年龄、工作经验等基础信息，盘点缺乏深度，也就没什么应用价值。

（2）**评价工具不科学**。许多企业认为人才盘点工作就是开个会，即企业的经营班子或几个高层领导凑在一起凭感觉对员工进行评价，然后根据评价结果进行人事决策。这种没有工具和数据支撑的人才盘点是没有价值的。

（3）**盘点结果不跟踪**。如果我们对盘点结果不跟踪，那么通过盘点所形成的结果、决议、决定就很难落到实处，也很难与业务和战略紧密结合起来，最终导致脱节。因此，我们对盘点的结果一定要跟踪，并且将其与平时的业务工作及其他重要的工作捆绑在一起同时推动。

综上所述，我们需要重新定义人才盘点，同时需要把握图 2-3 所示的几个关键点。

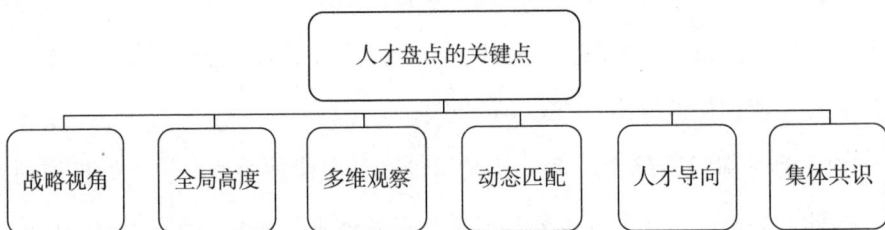

图 2-3　人才盘点的关键点

（1）**战略视角**。人才盘点是站在企业战略的角度来看人，是从整个行业与企业发展的未来看现在，所以企业要重点关注人的发展。

（2）**全局高度**。人才盘点是站在整个组织的全局高度，而不仅仅是这个岗位本身来看人，所以在人才盘点工作中，我们通常不需要按岗位来构建胜任力模型，这样不仅工作量巨大，同样也缺乏全局视角。

（3）**多维观察**。人才盘点不是单纯地做人才评价，不是单维度地以结果论英雄，而是从绩效、能力、潜力、价值观、稳定性等多维角度来形成综合认知。

（4）**动态匹配**。人才盘点不是对人才做最终的评判，更不是一棒子把人打死，而是从动态的视角来看人，主要是看一个人的成长轨迹。

（5）**人才导向**。人才盘点是促进管理层尤其是业务部门从"关注事"向"关注人"转变，对人的认识从主观走向客观。

（6）**集体共识**。人才盘点不是只关注人的能力得分或排序，也要关注集体讨论的过程，即管理层对下一层级人才资产状况的集体分析。

3. 整体盘点与个体盘点

有人说人才盘点要盘业绩，也有人说要盘潜力，还有人说要盘组织，那么人才盘点到底盘什么？

人才盘点的英文全称为 Organization and Talent Review，标准叫法是组织与人才盘点，这是广义上的人才盘点 [①]。阿里巴巴首席客服官戴珊指出，人才盘点是盘组织、盘文化、盘战略及其落地之间的连接，而不仅仅是盘人。

人才盘点包括整体盘点和个体盘点两部分，整体盘点又叫组织盘点，个体盘点就是狭义上的人才盘点。同时整体盘点和个体盘点又包括存量盘点和增量盘点，存量盘点是盘现状，增量盘点是盘未来。

人才盘点的内容构成如表 2-1 所示。

表 2-1　人才盘点的内容构成

构成	整体盘点	个体盘点
存量盘点	• 组织健康度诊断（可选项） • 组织结构盘点 • 人才结构分析 • 人效分析 • 人才流失率分析 • 敬业度调查（可选项）	• 基本信息 • 绩效表现 • 能力素质评价 • 脱轨因素评价
增量盘点	• 组织结构与岗位优化计划 • 人才结构优化计划 • 未来一年的人才需求	• 人才晋升与调整计划 • 关键岗位继任计划 • 高潜人才培养计划

整体盘点主要包括以下几部分内容（其中第 2 项是盘点的基础和前提；第 3 项、4 项、5 项是定量分析，是必选项；第 1 项、6 项是定性分析，是可选项）。

（1）组织健康度诊断。 组织健康度诊断即诊断这个组织是否健康、能否

[①] 为方便起见，本文使用"人才盘点"一词代指广义上的组织与人才盘点。

有效运转。这一项是可选项，适用于较大的组织变革，正常情况下的人才盘点建议采用组织结构轻量化盘点即可。

（2）**组织结构盘点**。组织结构盘点即分析现有的组织结构存在什么问题、能否支撑企业战略落地、哪些是关键岗位等。

（3）**人才结构分析**。通过人才结构分析来了解人才配置是否科学合理，包括性别、年龄、学历、司龄、职级、职位序列等。

（4）**人效分析**。人效分析是整体分析的核心，通过人效分析可以判断组织的未来。

（5）**人才流失率分析**。通过人才流失率分析可以了解组织的稳定性。

（6）**敬业度调查**。通过敬业度调查可以了解企业员工的工作状态，这一项是可选项。

通过以上内容的盘点，最终要确定以下几个组织优化计划。

（1）**组织结构与岗位优化计划**。组织结构与岗位优化计划即组织结构和岗位设置需要做怎样的调整。

（2）**人才结构优化计划**。人才结构优化计划即对各层级、各部门，以及各岗位的人才配置比例进行优化调整，使人才结构更加科学合理。

（3）**未来一年的人才需求**。通过人才流失率、人才结构、人效的分析，预测未来一年企业的人才需求数量（也可以做 2 ~ 3 年预测）。

例如，某企业通过人才盘点发现，本科学历销售人员的人效比专科学历销售人员的人效要好，而专科学历占比达 30%，于是在后续的招聘中就有针对性地将入职门槛提高到本科学历。通过半年的人才结构优化调整，专科学历的人员比例下降到 10% 以内，销售人效也有了较大提升。

个体盘点主要包括以下几部分内容。

（1）**基本信息**。基本信息包括部门、岗位、性别、学历、年龄、司龄、在岗时间、调岗与加薪情况、参加培训情况等。

（2）**绩效表现**。第一是业绩量，如销售经理一年完成多少万元的业绩，这是一个绝对的数量；第二是相对的业绩状况，如目标的完成率；第三是业绩的增长率，如业绩与去年同期相比增长了多少；第四是业绩的排名。这几个指标我们不一定全部选用，可以从中选几个，按照不同的权重进行计算。

（3）**能力素质评价**。一是能力水平，包括专业知识、技能与经验等；二是潜力，即人的成长性，也就是看他们的能力发展速度是怎样的。其中，胜任力是核心。能力评价的部分数据来源于人才测评结果，部分来源于上级对下级日常工作行为的观察和考核。

（4）**脱轨因素评价**。脱轨因素包括个人的工作态度、意愿、价值观、职业兴趣、离职风险与影响度等。企业要重点关注人员稳定性，如哪些人是马上要离职的、哪些人是比较忠诚的、哪些人可以长久在企业工作等。

需要说明的是，在人才盘点工作中，既需要盘点能力，也需要盘点潜力，它们一个是对现状的盘点，一个是对未来的盘点。有的企业在构建胜任力模型时，就已经从战略发展的角度进行了考量，将潜力的内涵融入了胜任力模型，这种情况下，对能力的盘点就已经包含了对潜力的盘点，这种做法是相当可行的。有效的测评工具可以帮助我们精准地找到拥有合格能力素质的员工。需要注意的是，潜力评估虽是识别高潜力人才的核心因素，但并不是唯一的参考因素。组织在进行高潜力人才的识别与甄选时，还需要参考经验、绩效等不同的因素，只有这样才能提升识别的精准度。

通过以上内容的盘点，最终要确定以下几个组织优化计划。

（1）**人才晋升与调整计划**。如哪些人是要晋升的、哪些人是要淘汰的、哪些人是要调任岗位的等。

（2）**关键岗位继任计划**。如针对中高层管理人员与核心技术岗位，有哪些后备人才是马上可以接替这些岗位的、哪些是 1 ~ 2 年内能够接替的。

（3）**高潜人才培养计划**。对于高潜质的人才我们要进行怎么样的培养，如怎么安排培训、怎么安排实践锻炼等。

当然，并非每家企业都需要开展这么全面的盘点，有的企业只需做个体盘点，有的只需做整体盘点，盘点的内容可根据企业的实际需要来选择。

有一些专家学者提到外部人才盘点的概念，那么究竟要不要做外部盘点？当然可以做。

外部人才盘点是指对关键岗位在外部市场上的候选人进行摸底，建立外部人才的档案库，并持续关注他们的动态，如简历更新情况、职业转换情况等。外部人才盘点有助于企业打造人才供应链，使企业在内部缺乏合适人才的情况下能快速从外部市场中找到合适的人选，缩短招聘时间。

但是外部人才盘点的难度比较大。通常来说，市场集中度低的行业不太好做，市场集中度较高的行业相对好做；区域性的外部人才盘点较为容易，全国性的外部人才盘点难做，全球性的外部人才盘点更是难上加难；外部人才数量上的盘点容易，外部人才质量上的盘点较难。

建议企业与外部猎头机构合作开展外部人才盘点工作，重点盘点对象是本行业或相关行业优秀企业里的中高层管理人员和核心人才。

本书所讲的主要是内部人才盘点，不涉及外部人才盘点。

4. 中医模式与西医模式

目前，国内人才盘点按效果和效率两个维度可以分为三种模式，具体如图 2-4 所示。

图 2-4　人才盘点的三种经典模式

第一种叫"中医模式"，代表企业是阿里巴巴。该模式主要通过管理层的日常观察来完成，优点是周期较短、效率较高，缺点是如果评价不客观（业务部门领导平时对员工了解不深，且倾向于给自己的员工高评价，容易导致评价失真），易使员工产生不满情绪，因此需要有强大的体系支撑，一般企业要谨慎选择。阿里巴巴的"政委"体系有多厉害呢？如果有核心员工失恋，"政委"必须知道。企业要求"政委"参加各种业务会议，经常跟员工交流，以便及时了解员工的思想动态。因此，如果企业的 HRBP 比较弱，建议不要轻易学阿里巴巴的模式，否则容易"走火入魔"。

第二种叫"西医模式"，代表企业是华为、联想、腾讯。除日常观察外，他们也会借助专业的测评工具进行评价。这种模式的优点是评价比较全面、科学、客观，使员工心服口服；缺点是周期长、成本高、需要投入的精力多。这几家企业的人才标准比较全面，既有任职资格，又有胜任力模型，绩效体系也比较完善。华为对干部还有品德方面的考核，联想除了胜任力模型还有自己的潜力模型，腾讯在开展人才盘点时会借助线下的评价中心工具（如团队会议、公文筐等）进行多角度评价。

第三种叫**"中西医结合"**，代表企业是京东。该模式以上级评价结合360度评估进行盘点。由于京东人员规模大，如果采用"西医模式"，必然成本较高、效率较低；但是如果完全采用"中医模式"，对管理人员和"政委"的能力要求又非常高，所以最合适的方法就是"中西医结合"。这种模式的优点是效率与效果两者兼顾，缺点是360度评估的不科学性给后续工作带来很多工作量，还需要很多人力进行组织考察。"中西医结合"是人才盘点的主要发展趋势之一。

人才盘点的三种模式对比如表2-2所示。

表2-2　人才盘点的三种模式对比

模式	中医模式	西医模式	中西医结合
特点	以上级和"政委"的日常行为观察为主	借助线上、线下专业测评工具进行全面评价	在线测评工具+360度评估+上级评价+组织考察
效率性	效率高，成本低	周期长，成本高	效率适中，成本适中
科学性	如果评价不客观，易使员工产生不满情绪	评价科学、客观，员工心服口服	360度评估给组织考察带来很多工作量
代表企业	阿里巴巴	华为、联想、腾讯	京东

从企业类型上来看，"西医模式"更适合管理精细化的企业，"中医模式"更适合追求简单化管理的企业；从层级上来看，"西医模式"更适合中高层人员的盘点，"中医模式"更适合基层员工的盘点。当然，具体采取什么模式，应结合企业内部实际情况来综合考虑。

5. 人才盘点七步法

人才盘点大致可以分为图2-5所示的七个步骤，简称七步法。

图 2-5　人才盘点七步法

第一步：分析组织现状。如果需要开展整体盘点，则这一步就作为整体盘点的内容；如果不开展整体盘点，即主要分析组织对人才数量、质量（能力）提出哪些新的要求，这就是人才盘点的出发点。

第二步：构建人才标准。构建人才标准即确定用哪些指标来评价一个人的贡献和能力，如绩效表现、能力潜力等，其核心是构建胜任力模型，它是人才评价的基础。

第三步：开展人才评价。开展人才评价即采用科学的手段（主要指测评工具）对人的绩效表现、能力、潜力、价值观等进行评价。

第四步：召开盘点会议。盘点会议是针对人才评价的结果进行集体讨论，以达成共识。在召开人才盘点会议前，各下属单位或部门应当在自己的单位或部门内部先开展一次预盘点。

第五步：输出盘点结果。盘点结果包括人才九宫格、个体评价结果、继任计划、人员任用与培养建议等。

第六步：制定人才规划。人才盘点是起点而不是终点，其结果应当转化为具体、可操作的人才发展规划，一般为 6 ~ 12 个月的行动计划：组织结构与岗位职责需要做哪些调整？哪些人应该得到晋升、加薪、奖励或重点培养？哪些人需要安排轮岗、外派、调整岗位或淘汰？未来还需要引进什么样的人才？

对新引进的人才有什么样的培养计划……每一项计划都要有具体的责任人、完成时间与检验标准。

第七步：跟踪结果应用。制定人才规划后，还需要对结果的应用与落地进行跟踪。一方面，人力资源部门作为具体的推动部门，要进行日常效果的跟踪与评价；另一方面，CEO 要在经营管理会议上进行推动与跟进，以保证人才盘点结果真正落到实处。

当然，并非每家企业都严格按这七个步骤进行人才盘点。如果不开展整体盘点，只做个体盘点，那么就可以从构建人才标准开始；如果已有胜任力模型等人才标准，外部环境与企业战略也没有大的变化，则可以从开展人才评价工作开始；人才评价是为了保证盘点结果更加科学、高效，也有的企业不采用测评工具，而是跳过这一步直接召开盘点会议。

很多企业每年都会开展一次人才盘点工作，那么在什么时间段开展比较合适呢？最好在 6 月以前进行，因为 9 月、10 月是校招的高峰期，而 11 月、12 月是年底各种总结与计划的高峰期。这样就有更充足的时间进行充分的沟通，且后续有时间来落实人才盘点计划。当然，不同行业有不同的淡旺季，有的行业可能上半年是旺季，下半年反而空闲一些，那么它们就可能在下半年开展人才盘点工作。

6. 主角与配角

人才盘点又可分为开门盘点和闭门盘点。顾名思义，闭门盘点就是关起门来盘点，而开门盘点就是让更多的人参与到盘点活动中，如上下游合作部门、外部客户等。他们在其中承担的角色，根据盘点的开放程度不同而有所不同。由于讨论人的问题尤其是人事决策问题相对来说是比较机密的事情，因此国内大部分企业采用的是闭门盘点或半开门盘点，真正开门盘点的企业非常少。

很多人认为人才盘点是人力资源部门的事情，其实不然。在整个人才盘点的过程中，一共有五类人员参与进来：一是高管，即经营班子成员；二是业务部门负责人；三是员工本人；四是人力资源部门，包括 HRD、COE 专家和 HRBP；五是咨询顾问，如果盘点项目由外部咨询企业负责，则咨询顾问会参与到盘点中来。

不同岗位人员在人才盘点中的角色（以制作一部电影的角色为例）与职责如表 2-3 所示。

表 2-3　不同岗位人员在人才盘点中的角色与职责

岗位人员	角色	职责
集团董事长、CEO	制片人兼总导演	• 确认人才盘点的目标与整体思路 • 参与人才盘点项目启动会 • 确认各类人才的评价标准 • 参与人才盘点会并做促动 • 领导组织优化计划落地
企业其他高管	联合制片人	• 参与人才盘点项目启动会 • 参与人才标准的制定 • 参与人才盘点会并做促动 • 监督组织优化计划落地
业务部门负责人	领衔主演	• 负责本部门的人才预盘点工作 • 参与人才标准的制定 • 作为主要评价人参与人员评价 • 负责准备本部门人才盘点会汇报材料 • 作为汇报者参加人才盘点会 • 参加对下属的评估结果反馈 • 协助员工制订个人发展计划（IDP）并监督执行 • 推动组织优化计划落地

（续表）

岗位人员	角色	职责
人力资源部门	副导演	• 设计人才盘点的思路、流程与计划 • 协助 CEO 推动人才盘点工作的顺利开展 • 组织项目启动会、人才测评、人才盘点会、盘点结果反馈、IDP 制订等相关活动 • 参加人才盘点会并担任主持人 • 跟踪督促组织优化计划落地
外部专家顾问	动作指导	• 提供人才盘点的技术指导与赋能培训 • 提供人才测评结果解读与数据分析 • 参加人才盘点会并做促动 • 对总体人才盘点进行深度分析并提出专业建议
员工本人	主演	• 出席人才盘点项目启动会 • 参加人才测评活动 • 接受人才盘点结果反馈 • 制订 IDP 并执行 • 参加人才培养发展活动
HRBP	配角	• 将人才盘点价值、思路、计划传达给员工 • 协助部门负责人准备人才盘点汇报材料 • 协助组织本部门内的人才预盘点工作 • 参加人才盘点会并负责记录 • 跟踪督促本部门组织优化计划落地

任正非说："如果哪个部门找不出哪个干部好、哪个干部差，我希望这个部门的主管辞职，或者去从事业务工作，因为他没有管理能力。"也就是说，对下属进行评价本来就是每一位领导者的重要职责，也是一项重要的权限。

因此，作为人才盘点的最大受益者，企业董事长或 CEO 是人才盘点的第一责任人，相当于一部电影的制片人或总导演；各下属单位和职能部门负责人则是人才盘点的主角，相当于领衔主演；员工本人则是主演，在前期他们是被动参与者，但在盘点会之后他们又是盘点结果应用的主动参与者；而人力资源总监或组织发展总监则承担副导演的角色，协助总导演来推动人才盘点的工作；各业务单元的 HRBP 则是配角，主要提供人才盘点方面的一些支持性工作；如果聘请了外部咨询机构，外部专家顾问则相当于动作指导的角色。

如果高管、业务部门负责人或员工本人不配合人才盘点工作，该怎么办？高管和业务部门不愿配合一定是有原因的，有的是因为工作太忙没有时间，有的是担心会弱化他在人才决策上的权限，还有的是担心自己的下属会因为人才盘点而被辞退、降职或调整岗位，给他的工作带来不便。因此，我们需要做好以下几项工作。

一方面要做好人才盘点的设计与安排，考虑到高管、业务部门和员工的实际情况，在时间上避免旺季和繁忙时间段；在流程上尽量简化，以减少他们的工作量；在操作指引上尽量简单、清晰，让他们快速掌握实操方法。

另一方面要做好宣导和解释工作，让高管、业务部门和员工清晰地理解人才盘点的目的、可以给自身带来的价值，以及具体的计划安排，如需要他们参与什么活动、配合哪些事情等。

例如，2020 年春节期间发生了新型冠状病毒肺炎疫情，大家都隔离在家，而笔者承接的某科技公司的人才盘点项目刚进行到一半，即将召开人才盘点会议。在这种情况下，项目组调整了人才盘点会的形式，以远程线上反馈和校准盘点结果的方式来代替盘点会议，使项目得以顺利完成。

第 3 章

做个聪明的甲方

1. 外来的和尚好念经

很多企业以前从来没做过人才盘点，或者做了人才盘点但因为内部人员不专业，效果不好，这时可以借助外部咨询机构的力量，并通过和他们的合作掌握人才盘点的流程、方法和工具。

一家医疗科技行业的优秀企业曾邀请我去洽谈人才盘点项目需求。在沟通会上，因为顾问团队没有这个行业的从业背景，一位董事便质疑："我们董事长在这个行业做了二三十年，是非常优秀的企业家，企业的很多管理问题他都很清楚，为什么要请你们来做呢？难道你们比他更懂这个行业和这家企业吗？"

我没有直接回答他的问题，而是反问他："那您觉得任正非是优秀的企业家吗？"那位董事回答说是。我接着说："华为花在咨询公司上的费用达350亿元，这些咨询公司并不一定比任正非更懂这个行业、更懂华为，但是他们能够为华为带来科学的方法论、管理工具和其他企业的成功经验，这是咨询公司最有价值的地方。"这位董事笑了笑，就不再提反对意见了。

企业为什么要聘请第三方咨询机构呢？因为有图 3-1 所示的三个好处。

为什么要聘
请咨询公司

当局者迷，
旁观者清

外来的和尚好念经

引进新的
理念和工具

图 3-1　企业聘请咨询公司的三个好处

（1）**当局者迷，旁观者清。**咨询公司的核心竞争力源于它们拥有各种最佳实践的案例，这使得咨询顾问往往能迅速地了解这个行业的一些共性问题，再加上大量的调研和访谈，可以帮助企业对现状和问题有更全面与客观的认识，从而帮助企业制定有效的解决方案。

（2）**外来的和尚好念经。**由于与企业内部的员工没有直接的利益冲突，咨询公司通过广泛调研可以全面汲取内部的不同意见，从更加客观中立的角度来考虑问题，能提出一个平衡各方利益的解决方案，这样的方案更易达成共识，这是企业内部管理者较难做到的。

（3）**引进新的理念和工具。**在咨询项目过程中，咨询顾问会给企业带来一些新的理念、方法论、工具，可以帮助企业开拓管理思路和改进工作方法，对提升企业的管理水平是大有裨益的。

有很多人以为请到好的咨询公司就万事大吉了，其实不然。咨询不是灵丹妙药，它不能包治百病。咨询公司是企业管理变革的催化剂，企业可以借鉴咨询公司专业系统的管理方法和成功经验，让自己少走弯路，但路还必须由企业自己走。

有人认为，企业与咨询公司是病人和医生的关系，或施工人员和设计师的关系，或运动员和教练员的关系。那么咨询公司与企业究竟是什么样的关系呢？

理实国际咨询集团董事长王颖提出，开展管理咨询项目，就像跳交谊舞，咨询公司和企业的关系就像交谊舞伴。跳舞时，一个带，一个跟，一个转，一个旋，亦步亦趋，自然流畅，这是一个互动的过程。如果一个带，另一个原地不动，不但跳不起来，还有可能摔跤。这个比喻非常准确地道出了管理咨询的本质。当然，在合作过程中，咨询公司与企业扮演着不同的角色：在规划设计阶段，以咨询公司为主、企业为辅；在实施推动阶段，则以企业为主、咨询公司为辅。

2. 不看广告看疗效

国内的咨询行业鱼龙混杂、良莠不齐，如何从各具特色、各有所长的咨询机构中，分辨出到底哪一家更专业、服务更有保障呢？怎样才能不被咨询公司"忽悠"？如何与咨询公司合作呢？具体答案如图 3-2 所示。

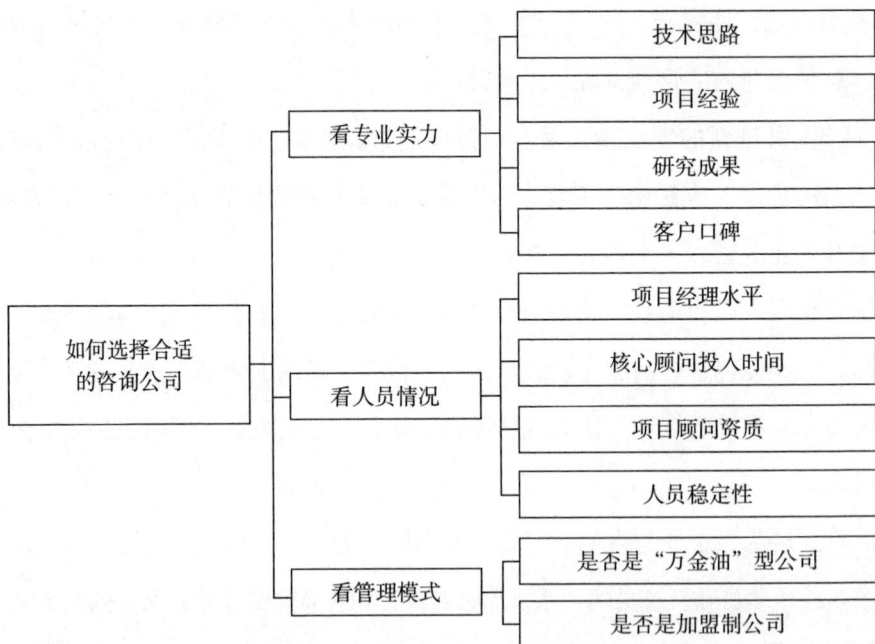

图 3-2　如何选择合适的咨询公司

（1）**看专业实力**。在与咨询公司沟通的过程中，不要被又炫又酷的 PPT 和天花乱坠的演讲所迷惑。一定要货比三家，多邀请几家咨询公司针对企业的实际情况出具一份项目建议书，对比它们对项目目标的理解和技术思路，这是大多数企业所采用的方法。要看咨询公司在这个领域沉淀的时间有多长、有多少同类型项目经验、客户口碑如何、有没有自己的研究成果，以及有多大规模的服务团队。

（2）**看人员情况**。选对顾问，成功一半。企业与咨询公司合作，说白了就是与咨询顾问的合作，这是项目成败的关键。因此，你一定要先弄清楚到底谁是这个项目的负责人、谁是这个项目组的核心成员。很多咨询公司在谈判阶段见不到真正的项目执行人，打出的"头牌"只会在关键场合（如启动会和阶段性成果验收）才出现一下，这样咨询效果自然大打折扣。

考察咨询公司更重要的是考察具体做事的人，锁定项目核心成员就相当于为项目成功上了一道保险。咨询团队成员流动率大的咨询公司是无法为客户提供良好服务的，也许在咨询项目开展一两个月后，最初的咨询顾问就离职了，取而代之的是另一批陌生人。这样的情况下又如何能保证服务的效率、质量和持续性呢？

（3）**看管理模式**。一方面，看是否是"万金油"型公司。每家咨询公司都有各自的业务重点，这就需要企业从主要服务行业、业务重点、具体服务内容寻找与自身匹配程度高的咨询公司。它不一定是非常知名的咨询公司，但它要在这个行业里做过同类型的项目，这样不能保证项目一定成功，但能降低项目失败的可能性。那种什么行业什么类型的项目都做的"万金油"型咨询公司，一般很难提供专业和周到的服务。

另一方面，看是否是加盟制公司。有些咨询公司采用的是加盟制的管理方式，表面上看人员规模是几百人乃至上千人，但其实是由"包工头"带几个人做项目,只是挂靠在咨询公司名下而已,如果把项目交给这样的公司,那么风险就很难把控。

3. 先小人后君子

为了拿到订单,有些咨询公司的销售人员往往会做出一些增值服务等承诺,但他们在拿到订单后却不一定会完全履行这些承诺;或者在最初的项目方案中就设下了一些模棱两可的承诺,后面就以各种理由推诿,使客户不得不吃哑巴亏。企业在与咨询公司合作时有图3-3所示的几个需要注意的事项。

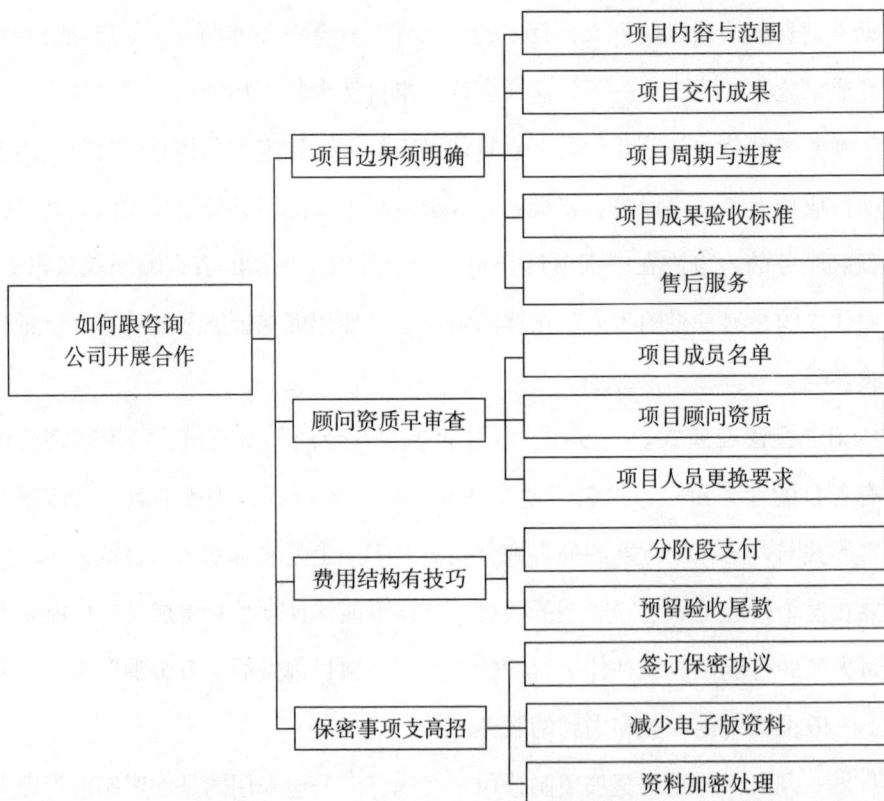

图 3-3 企业如何跟咨询公司开展合作

- 如何跟咨询公司开展合作
  - 项目边界须明确
    - 项目内容与范围
    - 项目交付成果
    - 项目周期与进度
    - 项目成果验收标准
    - 售后服务
  - 顾问资质早审查
    - 项目成员名单
    - 项目顾问资质
    - 项目人员更换要求
  - 费用结构有技巧
    - 分阶段支付
    - 预留验收尾款
  - 保密事项支高招
    - 签订保密协议
    - 减少电子版资料
    - 资料加密处理

（1）**项目边界须明确**。在项目合同中，要把项目内容与范围、交付的成果、项目周期与进度、项目成果验收标准等技术要求写清楚，使双方在合作过程中不会因为这些小细节而影响项目进展。特别需要在合同中明确售后服务的内容，如提供相关的培训和辅导、跟踪反馈等。这样一来可以给咨询公司施加压力，使它们尽量把项目做好不留下"后遗症"，以减少后期的跟踪服务压力；二来保证在咨询成果的实际应用中一旦出现问题或偏差，咨询公司就有义务提供相应的服务，从而减少双方的纠纷和矛盾。

（2）**顾问资质早审查**。在项目谈判阶段，一定要求咨询公司提供项目团队的名单和简历。其中，最关键的是项目经理，一定要和其进行面对面的交流，以考察他对项目目标和技术思路的理解程度，判断其是否有能力运作好这个项目。特别要明确的是，项目团队不可以随意更换人员。如果合作没几个月，项目组成员就换了好几批，这样会非常影响最终效果。

（3）**费用结构有技巧**。要把费用明细列清楚，确定每一项多少钱，绝不能含糊。一般咨询公司会要求企业先付 30% ~ 40% 的首款，其余款项可以根据项目阶段分期支付，并且支付时要有相应的成果交付来作为前提条件。当发生违反合同或者服务质量不佳的情况时，企业有权扣除部分款项。同时，再将一部分费用作为项目成员考核款，即如果项目成员配合度、更换成员的频率不能达到企业的要求时，同样也可以扣款。通过这样的设置，可以让企业对项目有更好的约束力。而企业在支付款项时，也有理有据。

（4）**保密事项支高招**。很多咨询公司是"铁打的营盘流水的兵"，人员流动性大。因此，在签订合同时，必须明确哪些属于保密内容、保密期限多长、使用范围及相应的惩罚措施，最好与每一位顾问都签一份保密协议。在合同中应明确规定，咨询公司若将项目内容写成案例、文章或出书，必须征得企业同意。提供给咨询公司的资料，必须登记在册，以防发生法律纠纷时没有证据。

能提供纸质版资料的，尽量不提供电子版；电子版资料能够加密的，尽量进行加密处理，做到"完整版本不公开，公开版本无机密"。

4. 没有调查就没有发言权

如果人才盘点（包括其他的管理咨询项目也同样如此）由咨询顾问来承担，那么就需要安排其先进行大量的调研工作。因为咨询顾问是外部人员，对企业内部情况不熟悉，不进行充分的调研，就无法深入了解企业存在的问题。

调研分为现场调研和远程调研。

现场调研又分为访谈和现场观摩，访谈包括一对一访谈和焦点小组访谈两种形式：一对一访谈适用于中高层和关键岗位，焦点小组访谈适用于人数较多的基层岗位。

远程调研又分为资料研读与问卷调查，资料研读包括内部资料分析和外部资料分析：内部资料是指企业内部的战略规划报告、组织架构、岗位职责、各部门年度工作计划、管理人员的绩效合约、绩效评价结果，以及人员离职率、薪酬数据、人工成本等人力资源数据；外部资料是指行业研究报告、竞争对手情况等相关信息。问卷调查适用于覆盖人群广、人数较多的调查，一般作为辅助手段。

管理咨询项目调研方式如图 3-4 所示。

访谈对人数和内容也有相应的要求。一般而言，访谈人数越多，样本代表性就越强，这对于保证项目质量当然有好处，但是会增加调研的成本。统计学上要求 30 人为最低的样本量，所以要尽量保证达到这个人数。但是有的企业同一类人群的数量往往达不到这个标准，那么就要尽量使调研的方式丰富多样一些，如增加问卷、资料分析、现场观摩等方式，从多角度保证调研的科学性。

管理咨询项目
调研方式

现场调研

远程调研

访谈

现场观摩

资料研读

问卷调查

一对一
访谈

焦点小组
访谈

内部资料
分析

外部资料
分析

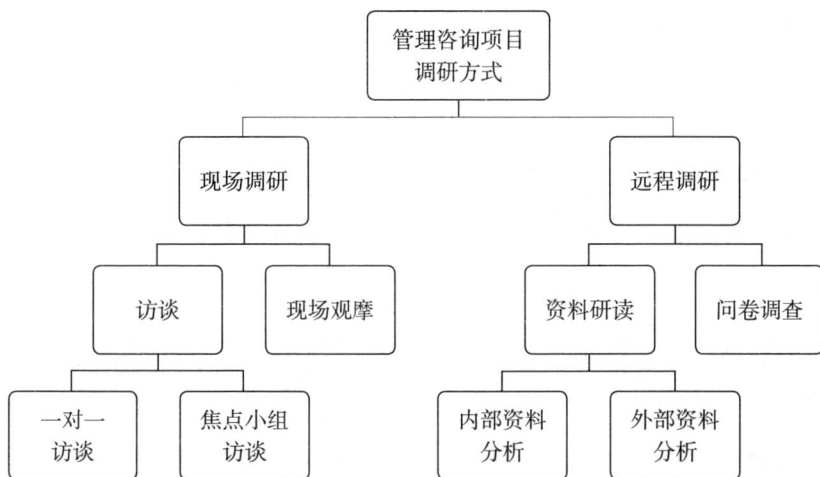

图 3-4　管理咨询项目调研方式

综上所述，进行访谈时要注意以下三点：一是访谈内容要系统、专业，以真正帮助企业发现管理上的问题；二是访谈对象要覆盖盘点的相应层级、区域和职能；三是尽量提前对访谈提纲、调研问卷、访谈名单、访谈纪要等进行审核把关。

访谈对象要与项目内容密切相关，如访谈对象是盘点对象的上级；同时要求访谈对象能够敞开心扉坦诚沟通，并具有较强的沟通表达能力。

通常中高层访谈需要 1 个小时左右，基层员工则以 20 ～ 30 分钟为宜，当然具体时长也要看项目需要。例如，有一家企业开展人才盘点工作，原计划对 CEO 访谈 1.5 个小时，但在访谈过程中 CEO 想表达的内容有很多，最终谈了近 3 个小时，他推掉了上午的一个重要会议，门外等着他签字的人有五六个。

另外，企业如果聘请外部咨询顾问来开展人才盘点工作，那么一定不要压缩他们的调研时间，要积极配合并支持他们开展调研工作，因为这是项目成功的关键所在。

5. 授人以鱼不如授人以渔

项目交给咨询顾问来做之后，其实企业并不轻松。很多企业往往希望通过咨询公司的帮助，在比较短的时间内解决自身存在的很多问题，事实上这样的想法并不现实，尤其是对于规模相对较大的企业来说，存在非常大的实施难度。

在与咨询公司合作的过程中，有两个误区要避免：一是将所有工作都甩给咨询公司来做，自己没有主见，盲目听从咨询顾问的意见，这样不仅会使项目质量无法得到保障，而且自己也失去了一次学习和成长的机会；二是过于自我，听不进逆耳忠言。其实咨询顾问最大的价值就是站在相对客观的角度来看问题，帮助企业寻找问题的根源。如果失去了客观公正的立场，那么这类咨询项目的成功率是难以保证的。

在咨询项目开展过程中，内部人员的成长与项目成果同样重要。因此，企业最好做到以下几点。一是让咨询机构提供有关人才盘点的培训，如人才盘点基础理论、人才盘点流程与操作方法、与人才盘点相关的工具等。二是内部人员尤其是 HR 要尽量参与项目过程，甚至主动分担一部分技术工作，这样自己才能掌握实操方法。有不少企业完全把自己当作监工，只做一些发号施令、指手画脚的工作，结果等咨询公司一离开，自己还是不懂得如何操作。三是部分内容尽量采用内外部合作的方式来推进，尤其是一些需要达成共识的部分尽量由团队共创，让企业内部更多的人参与进来，如能力模型构建等。

项目成果验收后，企业要明白这只是万里长征的第一步，项目的成功还要依靠双方的共同努力，项目成果的应用和落地才是终极目标，否则再好的项目成果也都是一堆白纸，产生不了任何价值。因此，即使项目已经结束，后续还有很多的工作需要开展，如落地跟踪、效果评估与反馈、持续改进与完善等。

这些工作虽然是由企业来执行的，但咨询公司可以提供一些帮助，如技术上的辅导和答疑解惑等，也可以做一些复盘工作。

人才盘点外包项目中咨询顾问的赋能计划如表 3-1 所示。

表 3-1　人才盘点外包项目中咨询顾问的赋能计划

流程	主要内容	时间
赋能培训	由咨询机构的专家顾问对企业内部 HR 和相关管理人员进行人才盘点实操方法的培训	项目过程中
项目参与	企业内部相关人员要尽量参与到项目过程中，主动分担部分技术性工作	项目过程中
增值服务	由咨询机构提供技术上的辅导与答疑解惑，也可以开展一些复盘工作	项目结束后

6. 沟通无处不在

绝大多数咨询项目不成功的原因，不是由于成果的质量问题，而是由于沟通不到位的问题。

首先，企业要提供充足的信息给咨询顾问并主动沟通，让其明白自己的意图、想要的方向和结果，这些都是咨询项目成功的前提。如果只让咨询公司埋头苦干、闭门造车，这样做出来的提案质量是很难保证的。项目成败的主要决定因素在企业内部，而不在咨询公司。

其次，需要明确与咨询公司项目组的对接人员。这些对接人员要有一定的专业度和责任心，能传递企业既有的政策和经营决策层的一些想法，这样有助于项目工作的顺利开展。

最后，为了保障沟通的顺畅性，使高管和业务部门理解与支持人才盘点工作、及时了解项目进展情况，应当召开项目启动会，并定期召开项目沟通会。

一般建议每周开一次周会，每周发送一次项目周报。

此外，企业要为咨询公司提供良好的吃住行等保障性服务，让项目组成员没有生活的烦恼，以便全力投入工作。

一般重要项目都要开一个启动会。开展项目启动会的意义是营造一种比较正式的氛围，让咨询公司和企业对项目更加重视。

项目启动会有两种形式：一种是小范围的，只有企业的主要领导参加；一种是大规模的，除了核心领导层外，还有中层管理人员和基层员工代表参加。如果盘点对象是中高层管理人员和关键岗位，可以采用小范围的项目启动会；如果盘点对象比较多，建议采用大规模的项目启动会，当然也要视企业的文化和工作习惯而定。

表 3-2 是某企业人才盘点启动会议程安排，仅供参考。

表 3-2　某企业人才盘点启动会议程安排

流程	负责人	主要内容	时间
开场	人力资源总监	• 介绍会议的目的与议程 • 介绍与会人员	5 ~ 10 分钟
人才盘点宣导	外部专家	• 开展人才盘点的目的与意义 • 人才盘点的流程 • 需要各部门配合的工作 • 注意事项和相关要求	30 分钟
互动与答疑	人力资源总监 外部专家	• 就大家关心的问题做出解答	10 分钟
总结讲话	董事长或 CEO	• 强调人才盘点的目的与意义 • 对人才盘点工作提出要求和指示	10 ~ 15 分钟

项目启动会一般由人力资源部负责人主持，中间环节由外部专家介绍项目情况，最后由企业董事长或 CEO 做总结讲话，另外还可以预留部分时间进行

答疑和互动。

除了项目启动会以外，在项目开展过程中，企业还要及时跟进项目进度，进行阶段性成果汇报，以便及时把握项目进度和质量，避免项目执行方向跑偏。

第 4 章

组织也需要体检

1. 组织健康度的全面诊断

组织和人一样，也有它的健康状况，那么我们如何来判断其健康状况呢？麦肯锡曾提出组织健康度（Organization Health Index）的概念，将组织健康度分为三大健康属性（一致性、执行力、革新力）和九大健康要素（发展方向、领导力、组织文化和氛围、责任心、协调与管控、组织能力、动力、外部导向、创新和学习）。麦肯锡经过十多年间对 1 500 多家企业持续调研后发现，组织健康与绩效是密切相关的，健康组织生成的股东总回报是不健康组织的三倍多。但在组织诊断方面，麦肯锡更为经典的要数"7S"模型，它包括组织设计必须全面考虑的各方面情况，具体有结构（Structure）、制度（System）、风格（Style）、员工（Staff）、技能（Skill）、战略（Strategy）、共同的价值观（Shared Values）七个要素。

在组织诊断与组织能力建设方面，杨国安教授提出了组织能力的"杨三角"，包括员工能力、员工思维模式、员工治理方式；怡安翰威特提出高效能组织的概念，认为高效能组织有三大特征——高产能、高动能及高势能。

韦斯伯德（Weisbord）基于组织发展（Organizational Development，OD）经验于 1976 年总结提炼出组织诊断的"六盒模型"（见图 4-1），该模型于 2010 年被引入支付宝，在 2013 年被阿里巴巴广泛应用。作为组织诊断利器，"六盒模型"以其浅显易懂的方法为人们所熟知。它既可以作为盘点工具，就组织现状进行盘点；也可以作为诊断工具，从解决组织的单个问题到

发现整个组织的规律趋势；还可以作为一种沟通工具，一种与业务对话的沟通
逻辑。

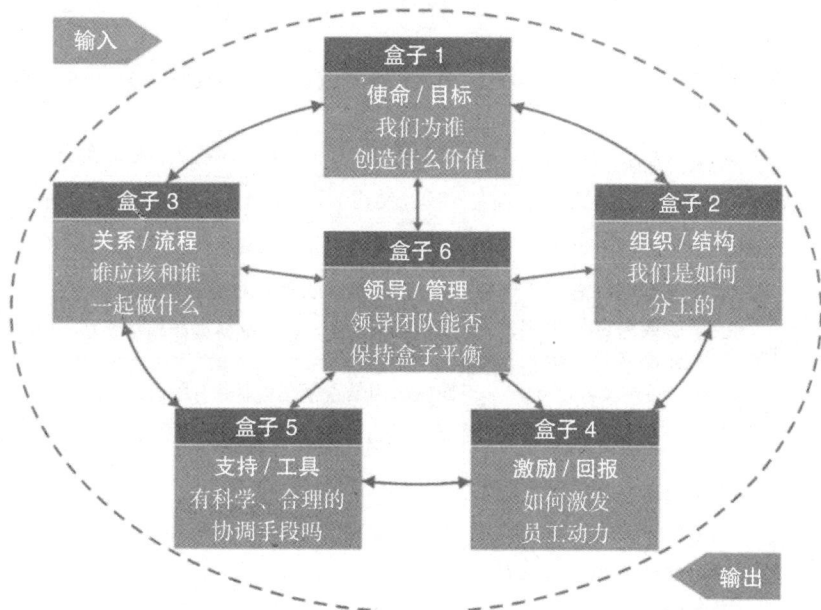

图 4-1　韦斯伯德六盒模型

　　运用"六盒模型"时，可以采用问卷、访谈和工作坊三种方式，其中访谈
是最为常见的方式。依据"六盒模型"开展有针对性的深度访谈时，每个盒子
中要至少提出三个问题，针对每个问题又可以深挖出多个问题，就像剥洋葱一
样，一层一层地剥到核心。通过访谈可以评估组织在各个维度的状况，发现组
织中必须鼓励的强项和必须改进的弱项，为企业的管理变革提供决策依据，具
体如表 4-1 所示。

表 4-1　基于韦斯伯德六盒模型的访谈问题

维度	说明	提问问题
使命 / 目标	使命 / 目标是组织的起点。盒子的状况良好预示着组织清楚自己的定位，也清楚资源、力量应该聚焦在哪里	你是否清楚企业的产品和服务给客户带来的价值
		你是否清楚团队今年的业务方向和工作目标
		团队目标实现的核心是否能支撑整体目标的实现
组织 / 结构	组织 / 结构是为业务而设置的，现有组织 / 结构能否支持组织目标的实现	我们需要怎样的结构支持组织目标的实现
		组织 / 结构中的职责与分工是否清晰、合理
		团队的日常工作方式和组织方式是什么样的
关系 / 流程	比较典型的问题是上下游的矛盾或跨部门之间的矛盾。管理的目的不是避免冲突，而是消除盲点	满足客户需求的业务流程是怎样的
		各团队之间基于业务的链路依赖关系是怎样的
		团队之间是否存在对业务有阻碍性质的冲突
激励 / 回报	组织奖励什么，员工就会朝着哪个方向去努力。业务方向在哪里，激励就应该在哪里	我们的激励方式有哪些？员工做了哪些方面的工作，就可以得到奖励
		这些奖励对团队产生的作用和我们内心的期望是否一致
		除现有的激励方式外，还有什么其他激励方式或方法
支持 / 工具	支持 / 工具的出发点是让主业务流程运作得更顺畅，各种制度、流程、平台、体系、工具等都体现在这里	主业务流程的运作需要哪些支持 / 工具
		如何让这些支持 / 工具更好地发挥作用
		日常管理者反馈 / 沟通机制对目标达成的支持力度如何
领导 / 管理	是否有足够的领导 / 管理能力？是否有能力使其他五个盒子保持平衡	你如何评估各部门管理者的管理水平
		领导团队如何激发组织的创造力 / 创新力
		领导在平衡其他五个盒子方面都做了什么

"六盒模型"作为访谈工具的适用范围可大可小，除了团队讨论外，平常与业务领导或核心骨干进行一对一的对话时也可以用"六个盒子"作为思维模型。

当一个组织出现问题时，原因通常不止一个，所以我们必须从不同的视角切入，以看清楚问题的全貌和本质。"六盒模型"就是从组织内外部的多重视角出发检视业务实现过程的利器。它就像雷达屏幕一样，实时告诉我们组织发生了什么、什么是组织当下最需要突破的、组织目前业务上的关键战役有哪些。最关键的是，它不仅能引导你关注那些独立闪烁的光点，还能让你"退后一步"，看到整个屏幕，由此建立全局观。

2. 轻量化的组织盘点

组织诊断是对组织健康状况的全面诊断，好比全套餐的体检，适用于企业战略与商业模式有重大调整，或者需要开展大规模的组织变革的时期。诊断的目的是发现根本原因，并从根本上解决问题。而在日常的人才盘点工作中，我们可以采取轻量化的组织盘点，但分析问题的深度不及组织诊断。

轻量化组织盘点的目的是，基于战略落地和组织能力建设的要求，分析当前组织架构与关键岗位设置等方面存在哪些问题，确定需要做哪些调整来实现组织的目标。轻量化组织盘点的流程如图 4-2 所示。

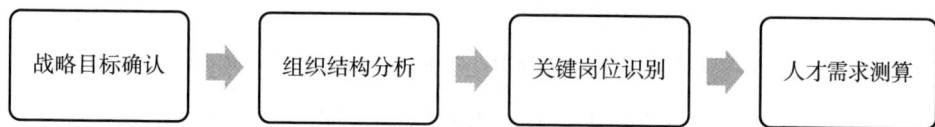

```
战略目标确认  ➡  组织结构分析  ➡  关键岗位识别  ➡  人才需求测算
```

图 4-2　轻量化组织盘点的流程

（1）战略目标确认

钱德勒说，战略决定组织，组织跟随战略。负担起实现战略的责任是组织结构设计的根本依据。因此，我们有必要了解企业的战略是什么、战略的实施路径是什么、要打的关键战役是什么、支撑战略落地的组织能力是什么。

为了让大家更好地对战略进行诊断分析，我梳理了企业战略目标诊断的几个方向，具体如表 4-2 所示。

表 4-2　企业战略目标诊断的方向

分类	说明	常见的问题
战略方向	做什么、不做什么？服务哪些客户？解决哪些痛点？提供哪些产品？专注哪个领域	• 战略方向不清晰，要什么不要什么不明确，什么都想做
战略目标	5 年想发展成什么样？3 年想达到什么规模？1 年想达成什么目标	• 有清晰的战略方向，但没有明确的战略目标
战略路径	战略有没有差异化？一方面是否基于客户的需求进行有针对性的设计，另一方面是否能区别于对手	• 有明确的战略目标，但没有战略实现路径和策略 • 战略没有基于客户需求来设计 • 战略没有体现与竞争对手的差别
战略共识	大家是否认同战略方向与目标	• 有清晰的战略方向和明确的战略目标，但并没有与中高层管理者达成共识
战略解码	要将战略转化成绩效指标并落实到相应的责任人，将战略行动转化为员工的日常工作	• 战略没有分解到各部门和个人 • 组织结构、员工能力、机制流程与战略不匹配
战略复盘	制定的战略不是一成不变的，我们在执行过程中要经常复盘，根据情况进行调整和完善	• 没有定期进行战略复盘 • 没有根据市场情况进行快速调整

任正非说，方向大致正确，组织则充满活力。战略不一定要十分精准，但是在企业内部要达成充分的共识。如果共识不足，建议企业组织中高层管理人员通过集体研讨的方式寻找关键举措，常用的工具是战略地图。战略地图与平衡计分卡的底层逻辑是相同的，因此它可以让企业建立更加平衡的管理思维，做到既关注全面又把握关键，让企业所有的资源更有效率地指向想要的结果。

（2）组织结构分析

对于组织结构分析，我们可以从纵向和横向两个角度进行。纵向设计就是确保承担绩效的人的权力最大，可直接向 CEO 汇报工作；横向设计就是要让企业所有的资源都在这条线上进行专业分配，保证业务部门能够获得支持。组织结构的核心是分责、分权，所以纵向设计形成的职位，最好高于横向设计形成的职位，这样"让职能部门为一线部门服务"才不会成为口号。

企业组织结构设计的两个角度如表 4-3 所示。

表 4-3 企业组织结构设计的两个角度

角度	定位	原则
纵向设计（管理层级）	界定权力和责任分配	• 确保承担绩效的人的权力最大，可直接向 CEO 汇报工作
横向设计（管理幅度）	界定沟通与资源控制	• 让所有资源在这条线上进行专业分配，保证业务部门能够获得支持

组织结构纵向上的设计决定了信息传递路径的长短，它通常与横向设计紧密相关。管理幅度越大，则管理层级越少，反之亦然。管理层级划分还要考虑组织各层级的权力如何设置和分配，因为这决定了组织决策的效率。杰克·韦尔奇说，当企业中间层级过多，就像一个人穿上了厚厚的毛衣，无法感知市场的温度。近几年比较流行扁平化管理，即减少管理层级，企业将更多决策权下放给贴近客户的一线部门，"让听见炮声的人呼唤炮火"，减少层层汇报带来的损耗，以提高企业应对市场变化的速度和能力。

横向设计中最重要的因素是专业化分工和专业化水平。为了确保资源的有效使用，横向设计一定要遵循尽可能精简的原则，能够减少就不增加，能够合并就不拆分。很多人有这样的认知误区，认为职能部门的业务要细分，其实应对职能部门的业务进行专业分工而不是细分。必须把做同一件事的人放在一个部门里交由一个经理来协调，也就是合并同类项。如果没有把做同一件事的人放在一个部门里协调，资源就会被分解，也就会被浪费。

许多企业在组织结构设计上常常犯表4-4所示的错误。

表4-4　企业组织结构设计常见的几种错误

分类	主要表现	存在的问题
"面朝老板，屁股对着客户"的结构	很多人只关心上司的看法，一切以上司为基准	• 审批流程长，鸡毛蒜皮的事也需要一堆人签字，但没人来担责 • 面对客户需求反应迟钝，"客户导向"和"为员工服务"成为空口号
条块分割的结构	各个部门各自为政，且都只关心自己部门的问题，尽可能将责任推给其他部门	• 相互埋怨、推诿、抢功劳、做表面文章，负能量多，组织氛围差 • 用纵向汇报代替横向沟通，团队协作效率低 • 提出的意见没有建设性，问题得不到有效解决
职能分散的结构	同样的职能分散在不同的部门，大家各自为政，无法形成协同效应	• 各类会议和管理表格有很多，一件很小的事情需要好几个领导来协调才能搞定 • 使员工花费大量的时间和精力来做内部协调，真正花在客户身上的时间就变少了
过度扁平的结构	中高层：直接向其汇报的下属超过10人；基层管理者：直接向其汇报的下属超过15人	• 管理者的精力过于分散，无法聚焦于最重要的目标，容易顾此失彼
宦官专权的结构	不承担经营责任的职能部门拥有很大的决策权，掌握重要资源的分配，而承担经营业绩责任的一线业务部门却拥有比较小的决策权力	• 导致权力和责任错配，官僚主义严重，整个组织乌烟瘴气、一盘散沙

之所以会出现表4-4所示的错误，究其原因它们是从权力的角度出发进行设计的，而忘记了责任。如果从责任的角度出发来设计组织结构，我们就可以避免出现以上错误。

（3）关键岗位识别

按照对企业战略的支撑力度和对业务的影响程度，可将岗位分为表4-5所示的五种类型。岗位类型不同其管理方式也有所不同。

表 4-5　五种岗位类型划分

分类	定义	举例
战略型岗位	短期内不会产生经济效益，但是从长期来说，能够支撑企业战略目标的实现，并能帮助企业建立护城河，打造核心竞争力。该岗位的人才比较稀缺	研发工程师、产品经理
突破型岗位	一般是指企业的中高层职位，能对企业的业务方向产生重要影响，短期内可以快速调整业务策略，给企业经营带来较大的发展空间	副总裁等重要的中高层管理人员、部分中层管理岗位人员
关键型岗位	也叫核心岗位，如果缺少这个岗位，企业将无法正常经营；如果岗位上的人才数量不足，或人员能力不符合要求，则会导致企业业绩下滑	航空公司的飞行员，咨询公司的顾问，餐饮企业的厨师
支撑型岗位	这个岗位对企业的正常运作会产生积极的影响，若缺少这个岗位会有一定程度的负面影响，但影响并不是很大，也不直接，大部分职能岗位都属于这种类型	人力资源、财务、IT 人员
辅助型岗位	岗位的价值有限，没有它不会影响企业运作，有这个岗位对企业的业绩也不会产生太大影响；即使岗位人员离职也容易招到人来替补	前台、清洁工、保安

需要注意的是，由于各自的战略不同、商业模式不同，同样的岗位在不同的企业可能属于不同的岗位类别。例如，研发工程师在一家以技术为导向的企业里属于战略型岗位，但在一家以营销为导向的企业里则属于支撑型岗位。

针对不同类型的岗位，企业可以采取不同的管理方式，如针对战略型岗位、突破型岗位和关键型岗位，要采取饱和配置及高薪激励的方式，以保证人才数量和质量；针对支撑型岗位，保证基本的配置即可；而针对辅助型岗位，则无须关注过多。

（4）人才需求测算

组织结构的设置需要参考现有岗位上人员的数量和质量，这也是人才盘点工作重点关注的内容，因为人员数量是否充足将影响部门与岗位数量的设置，人员的能力是否胜任将影响管理幅度和集分权的设置。因此，在对组织结构进行横向与纵向分析后，需要进行人才数量与质量的规划。其中人才数量规划（即人数测算）是重点。

人数测算是一项比较有技术难度的工作，除与组织结构的横向与纵向划分有非常直接的关系外，还与人效、人才结构、人才流失率等因素相关，因此需要结合人效分析、人才结构分析、人才流失率分析等进行综合测算。

人数测算的方法有很多，可分为定性人数测算法和定量人数测算法。常见的方法有回归分析法、工作效率法、预算控制法、标杆对照法、人员配比法和经验预测法。

由于关键岗位在实现企业战略目标的过程中起着举足轻重的作用，因此在进行人数测算时，要重点关注关键岗位上的人员数量与质量配置。

总之，组织结构有多种形式，每一种形式都没有绝对的优劣之分，要视企业的具体情况而定。组织的作用就是将人、财、物等各种资源系统地结合起来，让其发挥最大效用。因此，无论是组织结构分析、关键岗位识别还是人才需求测算，若要检验调整的组织架构是否到位，其标准就是：这个组织架构是否更有利于实现企业战略。

3. 从人效分析看组织效能

近两年来，人效这个词特别火，那么什么是人效呢？它有什么样的价值？通常而言，反映一家企业经济效益的指标共有图 4-3 所示的三类。

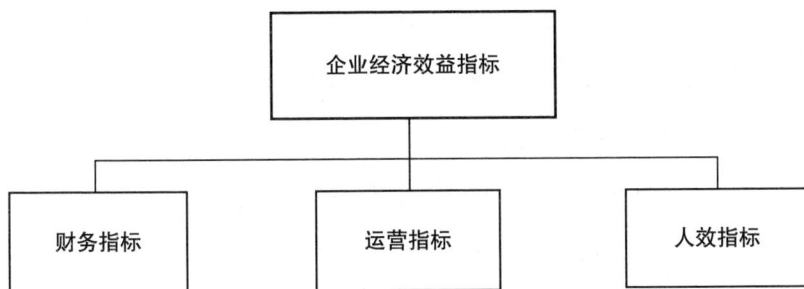

图 4-3　企业经济效益指标分类

一是财务指标，即以财务数据为最终结果，反映企业的经营状况，如营业收入、毛利率、净利润、收入增长率等。

二是运营指标，即以业务价值为依据，反映企业运营能力的过程性指标、预见性指标，如用户数、市场占有率、客单价、成交率、复购率、客户投诉率等。

三是人效指标，顾名思义，人效是指人才效能或人力资源效能，它反映的是人才的投入与产出效益，即以人为单位衡量组织效能的高低，如人均产出、人均投入、人均投入产出比、总人工成本占比、总人工成本增长率等。

也就是说，人效指标与财务指标和运营指标不同，它的分子是各类与人直接相关的绩效产出，而分母则是人或由人组成的部门、团队。

财务指标和运营指标都属于滞后性指标，而人效指标属于超前指标。因此，人效成了组织能力的核心指标，代表了一家企业在未来的发展潜力。企业竞争的背后都是效率的比拼，一个低效的企业是不可能持续实现高增长的。如果没有比竞争者更高的人效，就不可能拥有比竞争者更好的市场。

彭剑锋教授认为，中国经济增长方式已经从量的积累进入到质的提升的阶段，要转变经济增长方式，必须依靠高素质的人才。在过去，中国经济的发展及在全球竞争力的提升，主要依靠的是低劳动力成本的优势。现在随着人口老龄化的加速，这种优势虽然还存在，但已经在逐步减弱，要抵消这种变化带来的影响，必须从人口红利转向人才红利，而人才红利的核心，就是用高素质人才去提高效能，也就是提升人效。

华为无疑是中国最优秀的企业之一，但是华为的人效与国际一流企业还是有较大差距的。根据华为公司年报，2018年华为18万名员工贡献了7 212亿元的营收，人均产值为401万元。相比之下，苹果公司在2018财年的总营收为2 656亿美元（约18 209亿人民币），苹果公司的员工总数为13.2万人，人均产值为1 379万元；微软在2018财年的营收为1 103亿美元（约7 562亿人民币），员工总数超过12万人，人均产值为630万元。任正非曾公开表示："虽然我们在管理上已经做得很好了，但和爱立信这样的国际公司相比，多了2万名管理人员，每年多花40亿美元的管理费。因此，我们还在不断优化组织和流程，以提升内部效率。"

企业可以对人效指标进行纵向和横向的比较——纵向就是与自己的过去比，横向就是与行业里的其他企业比。通过这样的比较，就能发现企业存在的问题和不足。

阿里巴巴B2B原总裁卫哲指出，如果你做互联网企业，你的人效指标要跟传统行业比，要彻底颠覆传统行业的指标。比如说做二手车交易的网站，企业3万人一个月卖出10万辆车，数据看上去很好看。但用这两个数字做个除法，其结果就是人均一个月卖出3辆车。传统二手车交易的企业要活下来，需要人均一个月卖出9辆车。而你的人效只有传统行业的1/3，你拿什么去颠覆传统行业？

在进行人效的统计分析时，指标的数量不需要太多，有1 ~ 3个就可以了，没有必要面面俱到，如果内容太多反而会模糊重点，而且会有很多的交叉重叠。对于大多数企业来说，常用的人效指标如表4-6所示。

表 4-6　企业常用的人效指标

指标		产出			归类
		收入	产量 / 客户数等	利润 / 毛利	
投入	人数	人均销售收入 人均新品销售收入 ……	人均产量 人均开发客户数 ……	人均利润 人均毛利 ……	人创绩效
	工资	万元工资销售收入 万元销售收入 ……	万元工资产量 / 优等品产量 每单位产量 ……	万元工资利润 万元利润 ……	工资 费用率
		平均工资与人均销售收入比 工资增长率与收入增长率比 ……	平均工资与人才产量比 工资增长率与产量增长率比 ……	平均工资与人均利润比 工资增长率与利润增长率比 ……	工资 人效比

除了以上企业整体人效指标外，更有价值的是业务人效，即与业务活动相关的人效数据。它不一定直接体现收入、产量、利润等，但能反映人的效率，如人均拜访次数、人均新开发客户数、人均维护商家数、人座比等。业务人效数据比整体人效数据更有预测性，也更好把握。

需要注意的是，在进行人效分析时，不要只做减法而不做加法。有的企业从不增加分子，而是一直减分母，一谈提高效率就是做减法，如控制工资总额、定编定员定岗，因为减分母很容易，这样其实就又回归到了传统的人力资源管理，这是一个误区。现在的难点就是如何做加法、做增量，将整个企业的效益提升上来。

4. 从人才结构看人才配置的科学性

人才结构是指企业及各部门中不同类型人才的比例，它反映的是企业人才配置的科学性。通过分析企业的人才结构，可以对人才资源进行更加科学有效的配置，从而提高人才效能，有效支撑企业战略落地。

例如，2013年华为的人才结构由"橄榄型"转变为"哑铃型"，即研发人员占46%、销售人员占33%、生产人员占12%、管理人员占9%，人力资源布局实现了以生产环节为主向以研发环节和销售环节为主的转变，这种转变使华为成为真正意义上的高科技公司。

在人才盘点中，人才结构分析包括两大类别：一类是整体结构分析，通常按人口统计学要素进行分析，如性别、年龄、司龄、学历、资历等；一类是职位要素分析，其又分为纵向结构分析和横向结构分析两种，具体如表4-7所示。

表4-7　人才结构分析

分类		名称	含义
整体结构分析		性别结构	男性员工或女性员工在全体员工中的比例
		年龄结构	不同年龄员工在全体员工中的比例
		司龄结构	加入公司不同时间段的员工在全体员工中的比例
		学历结构	不同学历员工在全体员工中的比例
		资质结构	不同专业资格员工（工程师）在全体员工中的比例
职位要素分析	纵向结构分析	干部与员工人数比例	即管理人员与普通员工人数的比例
		管理幅度	每位管理者直接管理的下属人数
		职级比例	不同岗位职级人数的比例
	横向结构分析	前中后台比例	前中后台人数的比例，如研发、生产、销售、职能等岗位人员的比例
		关键人才比例	核心人才占公司全部人数的比例，如行业领军人才、核心技术人才
		职能人员占比	职能人员占公司整体人数的比例，或者职能人员人均服务的员工人数

健康的年龄结构和司龄结构一般是橄榄型结构，即中间年龄或司龄段的员工占比最多，两头占比较少。

年龄结构要与司龄结构结合起来分析，年轻员工、新员工较多，说明企业有朝气，但经验沉淀不足；资历丰富员工、老员工较多，说明组织知识和企业文化能很好地得以传承，但可能后劲不足。其实哪个过高或过低都不好，就像雷军说的，没有老兵就没有传承，没有新兵就没有未来。

学历结构要与资质结构结合起来分析。高学历、高资质人才占比较高，说明企业创造力强，但是同时也比较难管理，因为如果没有用好高素质人才，就留不住他们。

有些人才结构是有相对科学合理的标准的，如 HR 与要服务的人员的人数比一般是 1∶50（即一位人力资源部门的员工要服务 50 位企业员工），如果能做到 1∶100，则说明人力资源部门的人员相当精简了；测试工程师与开发人员的人数比是 1∶7，即一位测试工程师要服务 7 位软件开发工程师。但是大多数企业的人才结构由于行业不同、业务模式不同、人员规模不同而差异较大，行业标准仅供参考，更多的还要看同比与环比的变化。

对人才结构进行数据分析并不难，但是仅仅做浅层次的数据分析价值不大，还要深入分析其背后的原因及带来的影响。例如，在某半导体企业中，高层管理者的整体年龄偏大（平均 48 岁），司龄较长，司龄在 11 年以上的高管占比超过 60%。这样的结构一方面说明该企业的员工队伍比较稳定，有利于稳健经营和风险管控；另一方面，它会对创新变革、市场开拓、业绩突破带来不利影响。

人才结构也可以与个体盘点中的能力测评结合起来分析。例如，某教育公司通过对中高层管理人员进行盘点后发现这样一个规律："80 后"中层管理者的能力得分要高于"70 后"中层管理者的能力得分；女性中层管理者的能力得分要高于男性中层管理者的能力得分；各区域负责人（即业务前台）的能力得分要高于总部职能部门负责人（即业务后台）的能力得分；理工科院校毕业的中层管理者的能力得分要高于文科类院校毕业的中层管理者的能力得分。因此，通过这样的盘点分析后，公司董事会决定提拔和培养具有一线业务经验与理工科背景的"80后"女性中层管理者。

当然，企业处于不同行业、不同商业形态、不同发展阶段，对人才结构也会有不同的要求。例如，一家餐饮企业的低学历员工占比肯定会高于一家互联网企业的低学历员工占比，初创型企业的新员工的比例肯定会高于成熟期企业的新员工的比例。

在盘点过程中，要及时识别人才结构不合理的迹象，发掘人才结构中的风险，并做出相应调整。企业要警惕以下病态的人才结构，如表4-8所示。

表4-8　几种病态的人才结构

序号	类型	解释
1	组织畸形	与战略重心相关的岗位上的人才配置过低
2	组织"肾虚"	"腰部力量"弱，即中层干部人才数量不足，或者其能力跟不上企业发展节奏
3	组织"贫血"	核心业务岗位上的人才充足率（数量）和人才准备度（质量）不足
4	组织断层	某个层级人才青黄不接，现任人岗匹配度低，后备人才缺乏
5	组织老化	人才老龄化，年龄大的员工比例过高（相比同行）
6	组织臃肿	后台职能人员过多，人浮于事，容易导致官僚主义和形式主义严重

总的来说，通过对人才结构的分析，以及了解这些数据的变化趋势、观察这些变化对企业经营的影响，可以判断组织现状能否匹配未来的发展要求。因此，对人才结构进行分析非常有价值，是人才盘点过程中必须要做的工作。企业即使不开展人才盘点，也要定期（一般是每季度一次）进行人才结构分析。

5. 从员工流失率看队伍的稳定性

员工流失率是指在统计期内离职员工占企业员工总数的比例，常用的计算公式为：员工流失率＝员工流失人数 ÷（期初员工人数＋本期增加的员工人数）× 100% 或员工流失人数 ÷（期末员工人数＋员工流失人数）× 100%，这两种算法是一样的逻辑，得出的结果也相同，一般按月或年来统计。

员工流失率高是企业员工不满的客观反映，是企业缺乏稳定性的表现。员工流失率过高，不仅会影响企业的正常运营，也会造成军心不稳、士气低落，使业务发展步伐受阻。员工流失率下降，则会使招聘及新人入职培训等花费都降低。同时，较低的员工流失率意味着企业在生产和服务方面有更好的连续性，目标更统一，团队合作也更好。

员工流失是很正常的现象，但要把握好这个度。一般而言，年度员工流失率以不高于 18% 为宜，10% ～ 15% 属于正常范围。但也不是越低越好，一般不低于 8%，因为人才流失率过低会导致组织没有活力，容易滋生安逸享乐的氛围，此时就需要采取各种激励或惩罚措施，如末位淘汰机制等，以推进整个组织的发展。

在进行员工流失率分析时，应当重点关注关键人才的年度流失率，一般控制在 12.5% 以下为宜。其算法的逻辑基于一个管理链条为 7 ～ 8 人，若流失 1 人，剩下的 7 人依然能维持团队价值，因此员工流失率 =1 ÷ 8 × 100%=12.5%。

不同行业的情况有很大的不同，竞争越激烈的行业其员工流失率普遍就越高，如互联网、快消、管理咨询等行业；而电力、烟草等垄断性行业的流失率则相对较低。

处于不同发展阶段的企业的情况也有所不同。对于低增长的企业来说，员工流失率要高一些，因为人员太稳定，丧失了创造力，而且由于老员工太多，企业很多变革无法直接和快速落地；对于高增长的企业来说，人才队伍则要相对稳定，因为人才的复制非常有限，而高速发展的企业绝对离不开稳定的团队，并且要依赖现有人员的稳定带动新人的融入。

计算员工流失率的方法有多种，从区间上，可分为月度员工流失率、年度员工流失率、年度员工平均流失率；从时间上，可分为试用期员工流失率、正式员工流失率，具体计算公式如表4-9所示。

表4-9　员工流失率的计算公式

指标	计算公式
月度员工流失率	月度员工流失率＝本月员工流失人数÷（月初员工人数＋本月增加的员工人数）×100%
年度员工流失率	年度员工流失率＝年度各月员工流失率之和＝全年员工流失人数÷（年初员工人数＋全年增加的员工人数）×100%
年度员工平均流失率	年度员工平均流失率＝年度各月员工流失率之和÷12
试用期员工流失率	试用期员工流失率＝年度试用期员工离职总数÷（年初试用期员工总数＋年度入职人员总数）×100%
正式员工流失率	正式员工流失率＝年度正式员工离职总数÷（年初正式员工总数＋年度转正员工总数）×100%

除了对员工流失率进行分析以外，还要对核心人才流失率、干部人才流失率进行分析。

并非所有情况都用"率"来统计或考核，对于人数少的企业或部门，在月度统计时，一般用流失人数来统计会更加直观，且易于考核激励。

经过实践研究得知，如果员工在进入企业最初的30天之内即选择离开，那么该企业很有可能在招聘方面存在问题，没有把好面试关，导致把不合适的人招进企业。

如果员工在进入企业一个月后或者90天内离开，那么说明该企业在新员工入职引导方面可能存在问题，导致新员工不是对工作情况不了解就是对同事情况认识不够。如果新员工经过了前 90 天，却没能坚持到一年期满，那么很可能是企业文化存在问题。

在工作 1 ~ 5 年之内离开的员工，相信他们的全套技能都已经得以充分发挥了，这时候他们离开显然是由于在企业内看不到额外的职业发展和个人发展的机会。

因此，我们在进行人才盘点时，还需要分析员工是在什么时候离开企业，是主动离职还是被动离职，是管理问题（薪酬、职位、职业发展、人际关系、文化氛围等）还是个人问题（业绩不达标、能力不行、性格不合、动力不足）。同时要针对不同的部门、性别、年龄、年资、学历、职级、时间等类别进行分析，了解员工流失的原因，明确企业管理中的问题。另外，要基于流失现状和原因的分析，提前制定改善措施，如关怀员工、制订人力资源招募计划等。

6. 从敬业度看员工活力

员工敬业度的概念最早是由美国著名的社会科学家乔治·盖洛普博士提出的，由他创立的盖洛普咨询公司也是最早进行敬业度研究的机构。他对健康企业成功要素的相互关系进行了近 40 年的潜心研究，建立了"盖洛普路径"模型，该模型描述了员工个人表现与企业最终经营业绩、企业整体增值之间的路径[1]。他认为，员工敬业度是在给员工创造良好的环境、发挥他的优势的基础上，使每个员工产生一种归属感，产生"主人翁责任感"。

盖洛普将员工分为三种类型（见图 4-4）：第一种是敬业员工，他们有工

---

[1] "盖洛普路径"可以表述为：企业根据自身发展优势因才适用——在优秀经理领导下发挥员工所长驱动员工敬业度——敬业的员工发展了忠实客户——忠实客户驱动可持续发展——可持续发展驱动实际利润增长——企业实际利润增长推动股票的增长。

作热情，以企业为豪，能够推动创新，推动企业发展；第二种是从业员工，他们大部分时间都处于梦游状态，为工作付出的只是时间，没有精力或者热情；第三种是怠工员工，他们不仅不乐意工作，还表现出不情愿的情绪，并会阻止其他同事完成工作。敬业的员工是稀有宝藏，相比之下，怠工员工会对企业造成损害。根据盖洛普全球职场环境报告，全球只有13%的员工对工作非常投入。

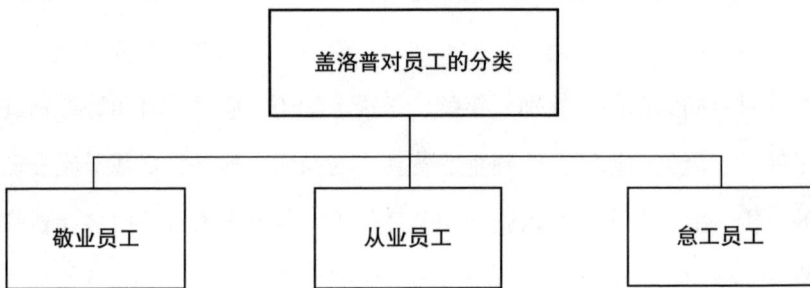

```
                    ┌──────────────────┐
                    │  盖洛普对员工的分类  │
                    └──────────────────┘
                             │
         ┌───────────────────┼───────────────────┐
    ┌─────────┐        ┌─────────┐         ┌─────────┐
    │ 敬业员工 │        │ 从业员工 │         │ 怠工员工 │
    └─────────┘        └─────────┘         └─────────┘
```

图 4-4　盖洛普对员工的分类

盖洛普调查并研究了5万个工作单位的将近140万名员工，确定了员工敬业度与工作表现之间的密切关系：员工敬业度位于前25%的工作单位在客户评级方面的表现要比位于后25%的工作单位高出10%，在盈利能力方面高出22%，在生产率方面高出21%；位于前25%的工作单位的人员流动率明显偏低，旷工率也明显偏低，而且安全事件和质量缺陷也较少。盖洛普还发现员工敬业度和工作表现之间的相关性，在世界不同地区、不同行业和不同企业中是高度一致的。

敬业度调研关注的是员工的工作状态，它是企业组织能力的重要评价工具，能够帮助企业更为深入地了解当前组织能力，准确定位需要提升的领域，以实现收入产出的最优化。杰克·韦尔奇曾经这样表达自己对企业经营的理解：衡量一家企业的稳健性有三个指标，分别是现金流、客户忠诚度、员工敬业度。百思买已经成功地通过提高员工敬业度来提升店内业绩，它发现员工敬业度每提高 0.1 分，其卖场就能多获得 10 万美元的营业收入。

DDI 研究得出，提升中高层领导者的敬业度的三大驱动因素为：决策能力、信任度、团队合作。

美世咨询公司认为，敬业的员工能够形成更高效的工作氛围，带来更高的财务回报。他们研究发现，员工绩效（生产力、结果）是个人才能（能力、喜好、动力）与敬业度（自豪、动力、忠诚）的结合，因此最大限度地发挥员工才能的方式就是确保员工敬业。

目前，敬业度调查的主流工具有两类。

（1）盖洛普 Q12 模型

盖洛普对 12 个不同行业、24 家企业的 2 500 多个经营部门进行了数据收集，然后对 10 5000 名拥有不同企业文化的员工的态度进行分析，发现有 12 个关键问题最能反映员工的保留、利润、效率和客户满意度这四个硬性指标，这就是著名的 Q12。它是测评一个工作场所的优势的最简单和最精确的方法，也是测量一个企业管理优势的 12 个维度。

根据 Q12 模型，员工敬业阶梯分为四个层次，从低到高分别为：我的获取（基本需求）—我的奉献（管理层支持）—我的归属（团队工作）—共同成长（总体发展）。不同层级对应的绩效也有所差异，"我的获取"对应的是绩效基础，"我的奉献"对应的是个人绩效，"我的归属"对应的是团队绩效，"我的发展"对应的是长久绩效，具体内容如表 4-10 所示。

表 4-10　盖洛普 Q12 模型及其内容

敬业阶梯	对应绩效	序号	问题
我的获取 （基本需求）	绩效基础	Q1	我知道企业对我的工作要求吗
		Q2	我有做好自己的工作所需要的材料准备和设备维护吗

（续表）

敬业阶梯	对应绩效	序号	问题
我的奉献 （管理层支持）	个人绩效	Q3	在工作中，我每天都有机会做自己最擅长做的事吗
		Q4	在过去的七天，我因工作出色而受到过表扬吗
		Q5	我的主管或同事关心我的个人情况吗
		Q6	工作单位有人鼓励我的发展吗
我的归属 （团队工作）	团队绩效	Q7	在工作中，我的意见会受到重视吗
		Q8	企业的使命和目标使我觉得自己的工作很重要吗
		Q9	我的同事致力于高质量的工作吗
		Q10	我在工作单位有一个最要好的朋友吗
共同成长 （总体发展）	长久绩效	Q11	在过去的六个月，工作单位有人和我谈及我的进步吗
		Q12	在过去的一年，我在工作中有机会学习和成长吗

根据不同维度的诊断得分，盖洛普 Q12 将组织氛围分为高效型、激发型、中立型和消极型四种类型，如表 4-11 所示。

表 4-11　盖洛普 Q12 划分的四种组织氛围类型

类型	定义	评判标准
高效型	能够使员工发挥最大的潜力，这种组织气氛表现为员工全力投入并且尽最大努力完成组织交给他们的任务	得分 3 分和 4 分的比例在 80% 及以上，得分 5 分的比例在 20% 及以上，得分 1 分和 2 分的比例在 5% 以下
激发型	能够促进（帮助）员工尽自己所能完成组织交给他们的任务	得分 3 分和 4 分的比例在 70% 及以上，得分 5 分的比例在 15% 及以上，得分 1 分和 2 分的比例在 10% 以下
中立型	有几个维度之间的差异很大或有几个维度的分值很高。员工并非尽自己所能完成工作任务，通过组织气氛的改善可以极大地提高组织绩效	得分 3 分和 4 分的比例在 60% 及以上

（续表）

类型	定义	评判标准
消极型	多数或所有的维度之间的差异都很显著，消极型的组织气氛可能会导致员工高的离职率和缺勤率，并且会限制员工的努力，以致员工不能以最佳状态工作	得分 3 分和 4 分的比例在 60% 以下

通过敬业度调查能够发现组织氛围中存在的一些问题。例如，某企业通过调查后发现，Q4、Q7、Q10 得分较低，说明该企业对员工的正向激励不足，员工之间在工作以外的交流较少，组织氛围比较沉闷。

（2）翰威特敬业度模型

翰威特通过多年来在员工敬业度领域的研究和实践，掌握了七大方面的 24 个主要驱动因素：人员（高层管理人员、管理团队、直接上级、同事、受重视员工）、全面回报（薪酬、福利、认可）、政策与操作（企业政策、绩效评估、多样化、沟通）、生活质量（工作 / 生活平衡）、工作（工作任务、资源、成就感、工作流程、安全、创新）、机遇（职业发展机会、学习与发展）及企业品牌（企业文化、企业声誉、客户导向），并在此基础上形成了相应的敬业度调查问卷。目前，国内很多咨询机构在翰威特的基础上打造了自己的敬业度调查工具。

翰威特公司认为，员工敬业度反映了员工对公司投入的智慧、感情和承诺的程度，最终表现为以下三种行为方式（见图 4-5）：第一层是乐于宣传（Say），员工一如既往地向同事、潜在同事及客户（现有客户及潜在客户）盛赞自己所在的组织；第二层是乐意留下（Stay），员工强烈地希望留在组织之中，对组织有强烈的归属感；第三层是全力付出（Strive），员工愿意为组织付出额外的努力并致力于那些能够促进经营成功的工作。

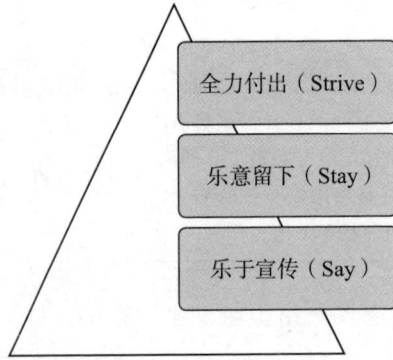

图 4-5　员工敬业度的三层行为

　　相对而言，翰威特敬业度模型比较精细化，盖洛普 Q12 模型比较粗略但是容易操作。国内有不少咨询机构在盖洛普 Q12 模型和翰威特敬业度模型的基础上，开发出了相应的敬业度调查问卷或工具。

第 5 章

给伯乐一把尺子

1. 胜任力是人才标准的核心

罗伯特·卡普兰和戴维·诺顿在《战略地图》一书中提到：如果你不能描述它，就无法衡量它；如果你不能衡量它，就无法管理它。如果你连优秀人才的标准都不清楚，怎么能将员工区分出优良中差呢？

华为建立了一套标准化的干部评价标准。在华为，不同的业务部门和不同的管理层级在进行干部评价的时候采用的是同一套标准，这套标准包括以下四项核心内容。

（1）**核心价值观是基础**。华为的核心价值观主要包括三项内容：以客户为中心，以奋斗者为本，长期坚持艰苦奋斗。

（2）**品德与作风是底线**。不符合品德要求的干部是要一票否决的，在这方面，华为一般通过关键事件来进行考核。

（3）**绩效是必要条件和分水岭**。华为要求，只有绩效前 25% 的人才有资格被选拔为干部。

（4）**能力是关键成功要素**。华为的领导力模型包括九个关键素质，称为"干部九条"，后来优化为"干部四力"，作为整个人才标准的核心。

因此，企业在开始人才盘点前，非常有必要梳理出清晰明确的人才标准。一般而言，用于人才盘点的人才标准应当包括表 5-1 所示的几个部分。

表 5-1　人才盘点中的人才标准构成

标准	定义	特点	重要性
绩效标准	反映员工过去的工作产出与贡献，一般将半年度或年度绩效考核结果作为评定的依据，可往前看三年的绩效考核结果。看绩效不仅要看绝对值，还要看完成率和增长率	代表过去	不可或缺
能力标准	反映员工现在与未来的绩效产出，通常分层级或分序列来构建胜任力模型，一些关键岗位也可能单独构建一套胜任力模型，尽量要融入企业文化特色	代表现在与未来	核心标准
潜力标准	反映员工未来的可培养空间，通常全员共用一套潜力模型（不区分层级和岗位），甚至很多企业采用外部咨询机构的通用潜力模型	代表未来	锦上添花

　　能力标准与潜力标准可以一并使用，也可以只选择其中一种，因为潜力本身也属于能力的范畴。绩效考核强调的是工作结果，而胜任力则是对深层次素质的提炼。绩效考核完全以结果论英雄，更看重考核而不注重发展，同时当前绩效好的未必以后也绩效好，它在人才发展方面起的作用很有限。因此，可以预测未来绩效的胜任力模型逐渐受到企业的追捧，已成为人才盘点中最重要的人才标准。

　　胜任力模型为企业评价人才提供了统一标尺，统一了企业内部的人才语言，使企业可以对同类人员使用同一套标准进行衡量，避免对同一个人的评价出现"公说公有理，婆说婆有理"的现象。当有了胜任力模型之后，在人才盘点过程中，就可以对人的能力进行统一、科学和客观的评价，为人事决策和人才发展提供科学的依据，帮助企业找到合适的人才来落实其战略目标。

　　某企业由于没有构建领导力模型，导致很多年未开展人才盘点，中基层干部多年未获晋升，一些优秀干部觉得看不到自己的发展前景，纷纷选择离开企业。这说明构建胜任力模型非常重要。

一套完整的胜任力模型，应该包含模型结构、指标名称、指标定义、指标维度、行为描述等几个部分。

某人工智能企业中层管理者胜任力模型指标样例如表 5-2 所示。

表 5-2　某人工智能企业中层管理者胜任力模型指标样例

指标名称	进贤用能	
指标定义	引进、培养业务发展需要的优秀人才，提供平台，充分发挥其潜能，促进其成长成才	
得分	关键词	行为描述
1分	用人不当	对人才不关注，用人唯熟，任人唯亲，缺少帮助团队成员成长的意愿和方式方法
2分	用人所长	根据业务需求和团队成员特点发挥员工的效用，对下属能力和业绩做出客观评价
3分	个性管理	依据企业战略需要进行选人用人，并结合下属的优势和不足进行有针对性的辅导
4分	系统培养	制订了人才引进和培养计划，帮助员工制定了职业发展规划，系统性地为下属提供实践与发展机会
5分	梯队建设	提前进行人才的规划和布局，团队内部的激励、培养机制完善，关键岗位建立了继任计划，人才结构搭配合理

由于构建方法、应用范围的不同，胜任力模型有不同的呈现形式。同时，胜任力模型也并非越精细化越好，因为在实际盘点过程中，很少有人会对照胜任力模型的行为描述一条一条地打分，更多的是对能力评价给出一个参考框架和方向。因此，在人才盘点中，要根据企业的企业文化、人才盘点对象与人数、盘点结果的精细化程度要求等来确定采用何种形式的胜任力模型。

胜任力模型的构建一般采用两种方法：一种是归纳法，另一种是演绎法。

归纳法是指通过访谈调研，甄别目标群体中高绩效与一般绩效者在工作中表现出的不同特质，挖掘并归纳实现绩效优异所需要的个人素质，进而形成胜任力模型。麦克利兰当时就是使用这种技术进行建模的。归纳法主要包括工作情境分析、行为事件访谈、焦点小组访谈、问卷调研、模型编码、数据统计分析等。

演绎法主要从企业核心价值观和战略目标等方面推导出目标群体所需具备的素质,对这些素质整理加工后就形成胜任力模型。演绎法主要包括战略文化演绎分析、高管访谈、头脑风暴法、专家小组讨论、对标分析。

采用何种建模方法,要根据胜任力模型构建的目的、成果呈现形式、项目周期、费用预算、企业规模、资源等条件等进行选择。

2. 工具选对,事半功倍

有了人才标准之后,需要用专业的测评工具对人才进行评价。根据多年人才测评经验,我将人才测评工具分为图 5-1 所示的几个类别。

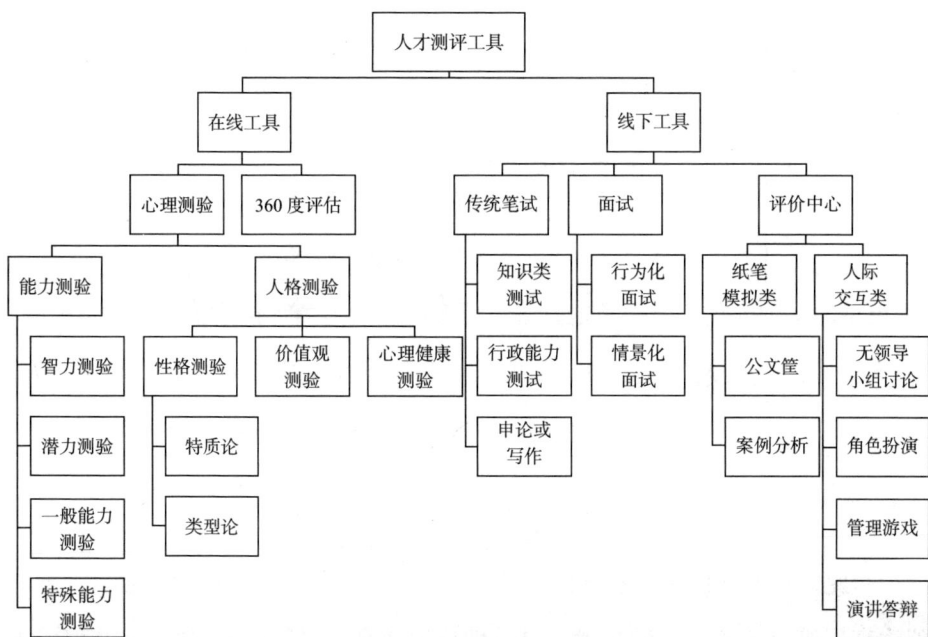

图 5-1 人才测评工具分类大全

有一个问题值得我们思考——人才盘点是否可以不用测评工具？

我的观点是可以不用。前面提到的中医模式就没有采用测评工具。测评工具在人才盘点过程中主要起辅助作用，帮助业务领导者提高识人的科学性，同时帮助人力资源部门提高识人的公平性。如果业务领导者识人水平较高，能做到科学、公正地评价下属，那么可以不使用测评工具。

那么，问题来了，哪种工具是最有效的呢？我们该怎么选择这些测评工具？

其实，最完美的测评工具并不存在，每一种测评工具都有不同的侧重点，背后都有其理论假设和适用条件。按预测效度和成本投入（费用和时间）来划分，各种测评工具成本投入与预测效度对比如图 5-2 所示。

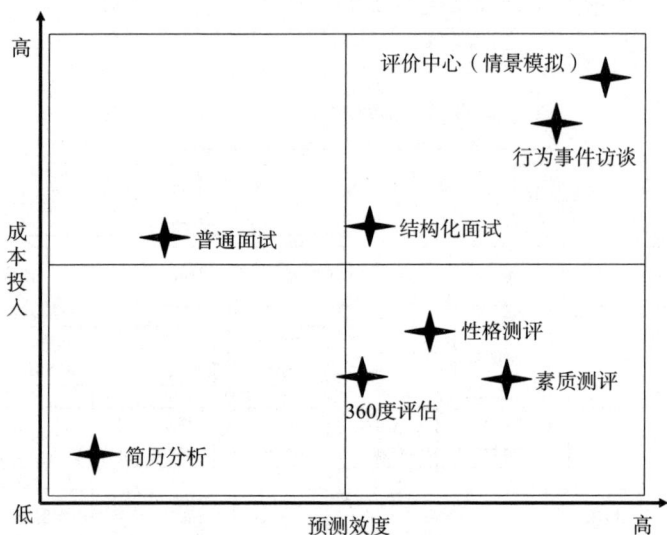

图 5-2 各测评工具成本投入与预测效度对比

因此，我们在使用这些测评工具时，就需要进行相应的搭配组合。一般建议中高层管理者采用三种测评工具（性价比较高），超过三种效果好，但成本太高；少于三种，可能考察不够全面；层级越低，采用的测评工具可以相对少一些，这样做的好处是用人风险降低。在选择与搭配这些测评工具时应遵循图 5-3 所示的原则。

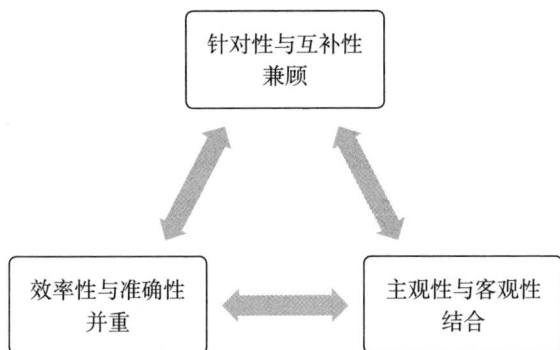

图 5-3　测评工具搭配的原则

（1）**针对性与互补性兼顾**。不同的盘点指标需要用有针对性的测评工具来测量。例如，采用无领导小组讨论就比较适合对"沟通能力"进行测量，而将其用于考察创新能力就不太合适。另外，在进行工具组合时，应尽可能涵盖多种不同的测评技术，如无领导小组讨论和公文筐的结合，既可以考察人际相关能力，又可以考察与事相关的能力，使测评者扬长避短、互为补充，以便对被测评者进行综合评价。

（2）**效率性与准确性并重**。企业应掌控好测评的时间成本与测评的准确性。总的来说，测评时间不宜持续太长，采取的工具不宜过多，通常选择三种工具是比较科学的。过多的测评形式和内容会加重被测评者的负担，由此可能会造成测评结果无法准确反映被测评者的真实能力。

（3）**主观性与客观性结合**。无领导小组讨论、角色扮演、公文筐等需要测评者做出主观评价的测评工具，称为主观性测评工具。而传统笔试、心理测验等基本不需要或较少需要测评者做出主观评价的测评工具，称为客观性测评工具。一般建议主观性与客观性工具相结合，这样能够更加全面地进行测量。

某企业人才盘点各层级采用的测评工具如表 5-3 所示。

表 5-3　某企业人才盘点各层级采用的测评工具

层级	在线素质测评	360 度评估	公文筐	模拟会议	述能会
高层	√	√	√		√
中层	√	√		√	√
基层	√	√			√
员工	√				√

除此之外，还要考虑人数、年龄、学历等因素。人数较多，或者对时间和成本有较高要求时，通常采用规模化的测评工具，如在线素质测评工具、笔试、模拟会议等。年龄也是需要考虑的一个因素。如果被测评者年龄较大，测评时间不宜太长，应尽量选择一些不太复杂的测评工具。若被测评者比较年轻，则应选择一些人性化、有趣味性的测评工具。例如，有一家网络游戏公司的中高层管理人员的年龄都在 30 岁以下，对公文筐等测评工具有比较强的抵触心理，对此我们帮他们设计了管理游戏、培训式测评等趣味性的测评工具。

3. 人心可测

心理测验从测验内容上可分为能力倾向测验、基础工作能力测验、人格测验、动机测验、职业兴趣测验、智力测验、行为风格测验等。这些测验可以通过计算机或移动端开展，故也叫在线素质测评。心理测验可以考察深藏在冰山以下的深层次素质，并且是一种相对客观的、标准化的测量，适合大规模化测评。但由于大部分心理测验量表采用自陈式题目（部分采用迫选题、投射题、情景题），测试结果会受社会称许性（也叫掩饰性）的影响，通常只提供一个参考性意见，不能将其作为评判性的结论。如果仅仅通过心理测验进行人事决策，其风险较大，还需要借助面谈和评价中心等方法进行补充。

曾经有一家公司的 HRD 向笔者请教："我们公司的业务部门听说公司要引进人才测评，就非常抗拒，他们担心引入了人才测评技术，会影响他们在招聘、晋升等方面的人事决策权。对此，我们该怎么跟他们解释？"

这种担心其实是多余的，再先进的测评技术也只能为决策提供参考，最终的用人决策需要由用人部门进行主观判断。测评工具就像医生给病人看病时看的各类检查单一样，只能提供一些生理指标状况，如血小板是多了还是少了、血糖浓度是高了还是低了等，至于要判断病人得了什么病、用什么药，还有赖于医生在综合各种化验结果后做最后的判断。

市面上的人才测评机构有很多，到底该选择什么样的人才测评服务呢？企业在引入人才测评技术时，应当注意哪些事项呢？

如果将人才测评比作 X 光片来深度挖掘被测者潜于冰山之下及显于冰山之上的各方面能力，那么 X 光片本身的清晰与否就十分关键。选好人才测评服务提供商不仅可以让你更高效地完成测评工作，还能最大化地发挥人才测评的积极作用。选择测评产品的注意事项如图 5-4 所示。

（1）看企业背景。现在许多人才测评企业自己根本不具备开发测评工具的能力，他们所谓的人才测评系统要么是代理外资咨询企业的产品，要么就是东拼西凑出来的，所以了解企业的背景尤为重要。一套成熟的人才测评系统和工具往往需要经过几十年的发展，并有大量的学术专著及文章作为支撑，且具有深厚的心理学理论支持。因此，在选择人才测评供应商时，可以比较一下企

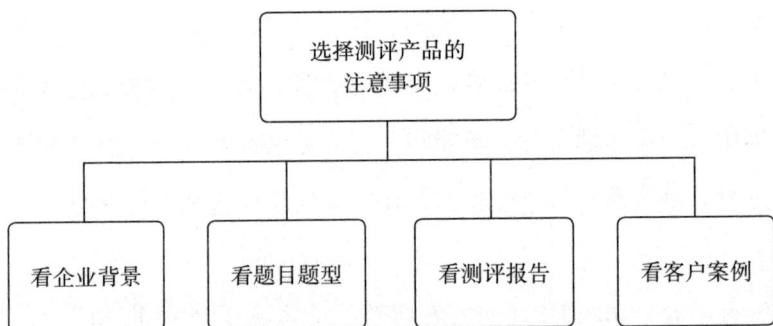

图 5-4 选择测评产品的注意事项

业的背景，如企业的成立时间、发展历程、创始人的背景、有哪些研究成果、获得哪些机构的认可和荣誉等。

（2）**看题目题型**。题目是测评技术实力的一个重要体现，通过了解测评题目，可以了解人才测评企业的实力。例如，心理测验系统，重点可以看它的题型，一般最简单、最常用的题型是自述式题目，但是这种题型开发难度低、表面效度高，被测评者很容易进行掩饰，如果一套题目全是这种题型，测评的信效度就很难有保证。如果题型更丰富一些，如增加图片题、情景题、投射题、迫选题等，测评的准确性就更高了。

（3）**看测评报告**。一套成熟的人才测评产品，应该有完善的和可读性强的测评报告，报告内容是否完整清晰、通俗易懂，描述是否贴切，报告对自己是否有帮助、有启发，是否有辅助你阅读报告的资料等，这些都是考察的重点。建议人力资源部门亲自体验，可以向测评企业索要几个免费账号，将各家企业的测评报告样本进行对比，就可以判断出哪家企业更适合自己了。此外，就像医院的检查报告需要医生解读一样，对于测评报告中涉及的比较专业的内容，要看是否有测评师负责专业解读。

（4）**看客户案例**。在与测评企业沟通时，不要被它们的宣传材料和一些专业理论、名词所迷惑。一家专业、成熟的人才测评企业，应该有较多的优质客户和经典案例。因此，要看它曾经服务过哪些客户，有多少同行业或同类型的项目经验，有哪些项目成果，对这个行业的人才特点的了解程度，在这个行业沉淀的时间等。必要的时候，可以找一两家测评企业曾服务过的企业去调查了解，这样心里会更有底。

在试用测评工具的时候，有一个非常有用的小技巧：选择团队管理能力强的一位领导的下属作为试测对象，试测完成之后，将测评报告给这位领导看，让他猜是谁的测评结果。如果他能猜个八九不离十，就说明这个测评工具的信效度不错，因为它的测评结果与被测者的日常行为比较吻合。

总之，企业选择人才测评供应商时应当尽量慎重，供应商选择正确与否，对人才测评的效果影响很大，所以应从多个角度来考察对方是否专业、权威、有实力，能否提供优质、可靠的服务。

4. 群众的眼睛是雪亮的

很多企业在开展人才盘点的时候都会采用360度评估反馈（360° Feedback，以下简称 360° 评估），又称多源反馈评价（Multi-sources Feedback），就是由与被评价者有密切工作关系的人（包括被评价者的上级领导、同级同事、下属、员工本人、客户）对被评价者进行匿名评价，通过多次评价结果的连续跟踪和记录，帮助其认识自我的优势和不足，并通过反馈促进其不断成长。

自 20 世纪 90 年代开始，该评估技术在国内外企业中被广泛应用。有调查显示，几乎所有的财富 500 强企业，包括 GE、宝洁、惠普、3M、杜邦、摩托罗拉、IBM 和福特等，都已采用 360° 评估技术。在中国，有 54% 以上的大中型企业都在使用 360° 评估技术。

然而，令许多人力资源经理又爱又恨的是，这样一个被 500 强企业广泛使用的"最佳实践"，在国内大部分企业中却收效甚微，有的甚至适得其反，对组织绩效的改善效果并不理想，参与 360° 评估的人经常叫苦连连、怨声载道。一项针对 600 家企业的 360° 评估所进行的调查研究发现，只有 1/3 的企业报告说自己通过这一评估技术获得了绩效改善的效果，另外 1/3 说该技术对绩效改善没有什么影响，而最后的 1/3 则说该技术反而对企业的绩效改善产生了负面的影响。于是，360° 评估似乎成为一个"美丽的陷阱"。

2020 年，我们曾为一家企业做了一次 360° 评估，发现很多人的测评结果和平时的表现差异很大，许多部门的领导不认可这个结果。那这是不是说明 360° 评估的作用不大呢？

360° 评估的显著特点就是从多角度和多视角来看待问题，一定程度上保证了评估的准确性、完整性和科学性。但是 360° 评估易受组织文化和评估问卷等多方面因素的影响，导致其客观性受到一定影响。通常来说，360° 评估得分最高的是两类人：一是与上级关系比较亲密、始终与领导保持高度一致的人；二是人缘较好的老好人。而一些工作业绩突出、能力出众的人却得不到高分。

北大方正集团谢克海[1]在《管理世界》发表了《谁上谁下：清晰区分企业人才的"361 体系"——基于实践层面的人力资源战略管理决策》一文，在该文章中，他总结了 360° 评估的几个特点（见图 5-5）：第一，在 360° 评估中得分低的人能力一定差，而且少有例外；第二，得分高的未必是优秀员工；第三，三个臭皮匠，胜过诸葛亮，360° 评估的准确率为 75%，而上级评价的准

---

[1] 谢克海，北京大学光华管理学院管理实践教授、研究员，历任西门子中国人力资源总监、北大方正集团人力资源副总裁、总裁、首席执行官等职位。

确率仅有 57%；第四，评估人与被评估人之间关系的亲疏会造成评价尺度不一的问题，但这并不影响能力曲线的形态。

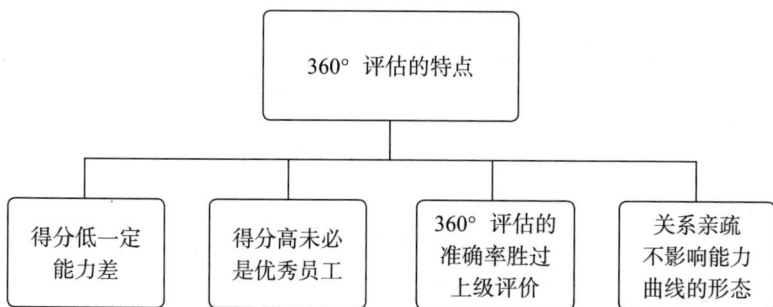

图 5-5　谢克海总结的 360° 评估的特点

如果我们对《西游记》中的唐僧师徒开展 360° 评估，谁的得分会最高呢？绝对是沙僧。因为沙僧谁都不得罪，从孙悟空的角度看：老沙偶尔帮忙打妖怪，又不争功，人很好；从猪八戒的角度看：老沙偶尔帮忙挑担，又不争功，人很好；从唐僧的角度看：小沙经常陪着我聊天，人很好，我从来没有批评过他。

360° 评估虽然不能用于发现优秀人才，但可以用来发现有问题的人，特别是在态度、品德方面有问题的人。在一些企业中，往往用 360° 评估进行民主测评，即考察某人的群众基础好不好。例如，有一家大型房地产企业准备提拔一位项目总经理担任区域总裁，他的业绩和能力都是不错的，但是实施 360° 评估时下属对他的评分特别低，人力资源部门进行实地调查后发现，原来他平时对待下属过于苛刻，导致许多员工不愿跟随他，如果提拔他，很多人可能就会离职。

在人才盘点中使用 360° 评估时需要注意图 5-6 所示的几个事项。

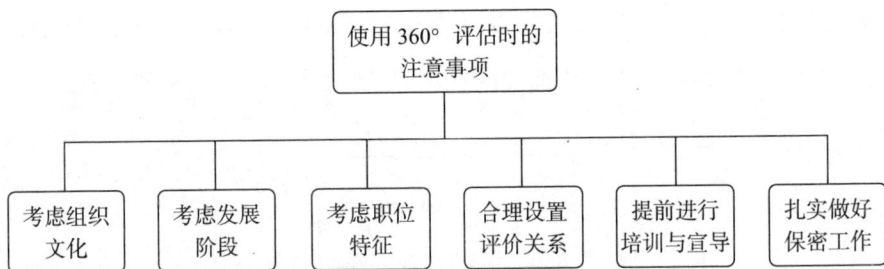

图 5-6　使用 360° 评估时的注意事项

（1）**考虑组织文化**。360° 评估的成功运用是建立在信任、坦诚、开放的基础上的，实施 360° 评估时必须要考虑组织文化是否合适。如果一家企业的文化是重视员工意见与参与，也重视员工的职业生涯发展，则导入此项制度后，可以获得来自不同角度的评价，帮助员工实现个人成长。而在一个内部沟通不畅、环境封闭保守的企业，实施 360° 评估就很有可能达不到预期效果，反而会在组织内造成紧张气氛，影响员工的工作积极性，甚至出现企业文化震荡、员工忠诚度下降等现象。

（2）**考虑发展阶段**。从企业生命周期来看，360° 评估有一个前提条件就是"三稳定"，即企业的战略相对稳定、组织架构相对稳定、人员相对稳定。处于初创期的企业，人员配备不够完善，上下级等工作关系并不十分明确，且企业规模较小，不适合使用 360° 评估；处于成长期的企业，其最大的任务是拓展业务以谋求迅速发展，此时企业内外部情况变化很快，人员不稳定，无法实现基于长期绩效改进的 360° 评估；而处于成熟期的企业，由于其战略目标、组织结构以及人员编排相对稳定，比较适合使用 360° 评估。

（3）**考虑职位特征**。对于生产型和销售型的职位没有必要使用 360° 评估。此类职位由于本身具有明确的考核指标，如产量、质量、销售量等，绩效结果易于量化，所以不建议采用 360° 评估。若不考虑职位特征，将 360° 评估用于所有职位，必然会增加企业成本，无异于画蛇添足。而行政或研发类职位，由于考核指标不清晰，难以量化，所以比较适合采用360°评估。有些基层职位并不存在下级或客户，多方面的评价来源难以寻找，也不适合采用360°评估。因此，360°评估最广泛的应用对象还是企业的管理人员，尤其是中高层管理人员。有调查显示，38%的企业只针对中高层的管理人员使用360°评估，23%和18%的企业表示360°评估仅应用于中层和基层管理人员的评估，仅有11%的企业表示会对一般员工进行360°评估。

（4）**合理设置评价关系**。评价关系也就是由谁对被评价人进行评价，谁是他的上级、同级和下级，这是360°评估中非常重要的一个部分。一般按照"谁熟悉谁评价"的原则，由与被评价人有密切工作关系的人（包括被评价人的上级、同级、下级、自己、客户）对其进行匿名评价。如果确定评价人比较困难和麻烦，可以将360°评估变成270°（上级、下级、自我评估）、180°（上级、下级评估）甚至是90°（上级评估）评估。例如，海尔采用的就是90°评估。

（5）**提前进行培训与宣导**。有些评估者在评估过程中，不能客观公正地对被评估者进行评价，有"做老好人、感情用事、公私不分、怕打击报复"等心态；有的评估者受"近因效应"的影响，只看到最近一段时期被评估者的表现，而忽略了长期的总体的情况；有的评估者有"晕轮效应"，仅凭感觉主观地对被评估者进行评价；有的评估者对评估的内容不了解，在未能掌握评估标准的情况下就做出结论。这些因素都会使评估者不能客观公正地予以评价，从而影响评估的结果。因此，要进行评估前的培训与宣导：一是提高评价主体获取准确评价信息的可能性，使其具备正确评估的能力；二是消除评价主体的抵触情绪，使其建立起对上级的信任和对反馈中组织所承诺的公平的信任，从而对反馈保持开放接受的态度；三是减少评价者的不良动机。如果首次实施

360° 评估反馈，最好由第三方机构来承担沟通的责任。培训与宣导的主要内容为：360° 评估的原理及方法、步骤，操作过程的注意事项，评价过程中的误区等。

（6）**扎实做好保密工作**。进行 360° 评估时，必须要保持公正并做好保密工作，这是评估能够有效实施的必要保障。在评估过程中，要保证评估者的个人评分不能被无关人士及被评估者知道；评估结果一般仅有人力资源评估主管、被评估者本人和直接上级少部分人知道，并且在反馈结果时只能是直接上级（或人力资源专业人士）与被评估者一对一、面对面反馈。如果参与评估的人员意识到自己的意见会直接让被评估者知晓，那么所有的评估者就会心存戒备，不会真实地表达自己的观点。而作为被评估者，谁都不愿意将自己的缺点和短处暴露在大庭广众之下，否则将会伤害他们的自尊心。

360° 评估并非一个简单的工具，要想使其真正发挥作用，还需要在评价指标、题目类型、题目描述的方向性、题目对不同评价者的针对性等多个方面进行精心设计。否则，使用那些粗制滥造、东拼西凑来的问卷，不仅得不到正确的评价结果，而且容易产生负作用。

5. 现在就让他正式上岗

评价中心（Assessment Center，AC）是一种包含多种测评方法和技术的综合测评系统。评价中心的特点主要有两个：一是方法多样，全面性、针对性强；二是高度情景模拟，具有较高的效度和可靠性，对员工未来在目标岗位的工作表现有较好的预测效果，其预测效度可达 0.65，居所有测评方法之首。评价中心具有图 5-7 所示的几个特点。

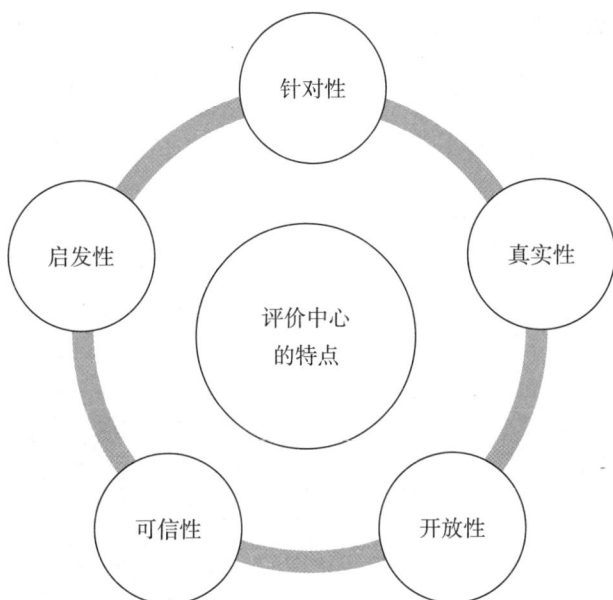

图 5-7　评价中心的特点

（1）**针对性**。由于模拟测试的环境是被测评者所在岗位的工作环境，测试内容又是被测评者的某项实际工作，测试本身的全部着眼点都直指拟任岗位对被测评者素质的实际需求，因而具有较强的针对性。

（2）**真实性**。被测评者在测验中所"做"的、所"说"的、所"写"的，与拟任岗位的业务有最直接的联系，犹如一个短暂的试用期，其工作状态一目了然。

（3）**开放性**。测试的手段多样、内容生动，被测评者作答的自由度高、伸缩性强，给被测评者的不是一套封闭的试题，而是一个可以灵活自主甚至即兴发挥的广阔天地。

（4）**可信性**。由于模拟测试接近实际，考察的重点是被测评者分析和解决实际工作问题的能力，加之这种方式又便于观察了解被测评者是否满足拟任岗位的素质要求，因此它比笔试和其他测评形式更具可信性。

（5）**启发性**。由于模拟的情景与被测评者的工作情景相似，因此在测评时会引起被测评者对问题的反思，从而对今后的工作开展有一定的启发作用。因此，情景模拟测评的过程也是一个培训学习及传播企业战略与核心价值观的过程。

在实际工作中，人们通常采用三种方式来处理工作：一是用嘴说；二是用笔写；三是用手做。这些情景总结归纳起来，有图5-8所示的类别。

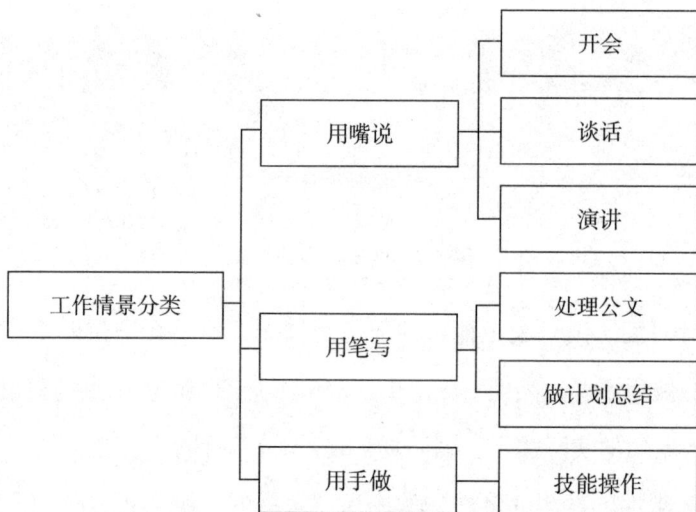

图5-8　工作情景分类

相关研究显示，管理人员每天花2/3的时间进行沟通，其中，聆听、说话、阅读和书写在全部沟通时间中分别占40%、35%、16%和9%。聆听与说话加起来占75%，对应图5-8中的"用嘴说"。阅读与书写加起来占25%，对应图5-8中的"用笔写"。除此之外，非管理人员更多的是动手操作，对应图5-8中的"用手做"。因此，要模拟工作情景开展测评，相应地有表5-4所示的七种常用工具。

表 5-4　模拟工作情景开展测评常用的工具

分类	典型的工作情景	对应的评价中心工具
用嘴说	开会	无领导小组讨论
	谈话	角色扮演
	演讲	演讲答辩
用笔写	处理公文	公文筐
	做计划总结	案例分析
用手做	技能操作	操作类游戏
		管理游戏

而这七种工具，又可以分为纸笔作答类和人际互动类两种。

（1）纸笔作答类的工具有公文筐和案例分析两种，主要考察与事相关的能力，一般测评的时间控制在 1.5 ~ 2 个小时。两者的区别在于：案例分析是以第三人称来描述情景，是"讲"故事的形式；而公文筐是以第一人称来描述情景，是"演"故事的形式。公文筐的表面效度和预测效度都非常高，被认为是评价中心中应用最广且最为有效的一种测评形式。但同时，它的题本开发和阅卷难度大，耗费时间长，成本较高。因此，公文筐主要适用于中高层管理人员的选拔与培养等测评活动。案例分析适用于对中基层管理人员的测评。

情景模拟测评工具的本质就是一个故事。我们知道一个完整的故事包含时间、地点、人物、背景、经过、结果等因素，开发者需要开发的是时间、地点、人物、背景，以及部分经过，而采取什么样的问题处理方式则留给测评对象，他们的行为方式则决定了这个故事的最终结果。测评者根据测评对象的行为方式来判断其能力水平。

纸笔作答类评价中心答题类型与能力评价如表 5-5 所示。

表 5-5　纸笔作答类评价中心答题类型与能力评价

答题类型	主要表现	能力评价
答题空白型	有多个题目没有处理，或者作答内容较少，存在空白题	可能存在以下三种情况： 一是业务经验不足，相应的知识技能不全面，对某些问题不知如何处理 二是思维反应慢，思路不够清晰，导致没有时间作答 三是时间安排不合理，在个别题目上花的时间过多，这说明被测评者的统筹规划能力不足。管理人员在面对庞杂的工作时不能顾此失彼、乱了方寸
马虎潦草型	字迹潦草、马虎，涂改较多，内容难以辨认，有的测评对象甚至将答案写错位置	可能存在以下两种情况： 一是个性急躁、冲动，不够成熟稳重，没有考虑后果或考虑不充分，就马上行动 二是责任心不强，态度不端正，工作应付了事 这种类型的测评对象可能有一定的能力，但不能担当大任
泛泛而谈型	作答内容很多，看起来好像思维很宏观、很全面，但没有一句是具体和务实的内容，全是空话、套话或放之四海而皆准的大道理	可能存在两种情况： 一是业务能力不足，缺少相应的知识和经验，无法深入、具体地分析问题 二是工作作风不务实，喜欢夸夸其谈 这种类型的测评对象的业务能力与管理能力有限，不能承担核心业务与管理工作
分派任务型	将这些文件或任务转发给各部门或下属，让他们进行调查处理，或者提交方案来供自己决策，自己则没有提出具体的处理措施或对策	可能存在两种情况： 一是责任心不足，不愿意承担责任，认为领导的职责就是分派任务 二是对业务不熟悉，自己不知道该如何处理，只好交给下属去处理
罗列工作型	将所有要做的工作都一一罗列出来，很全面，但没有重点，罗列出来的这些措施，没有严谨的逻辑关系和先后顺序	这种类型的测评对象有足够丰富的专业知识，也有相应的工作经验，但是管理能力有限，抓不住重点，不知道如何处理轻重缓急的事务；可以承担业务工作，但不能担任管理人员

（续表）

答题类型	主要表现	能力评价
强制命令型	事无巨细，将任何工作都安排得非常具体、细致，包括目标要求、时间节点、执行步骤，并且在行文中常常用"一定""必须""应该"等带有命令语气的词语	这种类型的测评对象思路非常清晰，决策能力强，所安排的工作具有较强的可操作性，但由于多以命令的形式安排，管理风格比较专制，要求下属完全按照自己的意愿办事，给下属灵活处理的空间较少，影响了对下属能力的培养
民主授权型	根据任务的不同特点和要求，授权合适的下属去调查、处理，但会提出相应的目标要求、建议和注意事项	这种类型的测评对象更多的是关注例外、重大和紧急的事情，对于例行的、鸡毛蒜皮的事情都尽量交给下属处理，给下属较大的自主空间。其具有较强的管理潜质
全面平衡型	语言表达条理清晰、层次分明、重点突出，不但计划周密，重要事情还会指定具体的部门和人员来做，有具体的时间节点，并会充分考虑可能出现的各种困难，提出有针对性的解决措施	这种类型的测评对象具有较强的领导能力，思路清晰，业务熟练，处事果断，能够胜任重要管理岗位工作

　　以上八种答题类型，并不能全部概括所有答题情况，只是其中比较典型和常见的类型。在实际的纸笔作答类评价中心测评过程中，还要根据具体情况进行具体的分析，特别是要对照各个题目所考察的评价指标进行评价。

　　（2）人际互动类的工具有无领导小组讨论、角色扮演、演讲答辩、管理游戏、操作类游戏五种，主要考察与人相关的能力。无领导小组讨论是群体互动式的，效率高、成本低；而角色扮演、演讲答辩是双向互动式的，效率低、成本高。无领导小组讨论适用面较广，通常适用于中基层管理人员、市场营销部门人员和职能部门人员的测评；在演讲答辩、角色扮演中，测评者可以给测评对象施加工作压力和难度，使矛盾激化、冲突加剧，因此适用于高层管理人员、市场营销类等岗位员工的测评；管理游戏综合了无领导小组讨论与案例分析的优点，题目信息更加复杂丰富、趣味性强，适用人群面较广，但由于题本开发难度大、实施时间长、成本较高，一般用于对测评有一定抵触心理的人群；操作类游戏主要是针对技能人员，以动手操作为主。

运用人际互动类的评价中心工具，并通过观察测评对象在现场情景模拟中的行为表现，我们可以识别出其真实的能力，具体如表 5-6 所示。

表 5-6　测评对象在现场情景模拟中的行为表现

行为分类	观察到的行为表现	能力评价
语言表达	语言简洁精练、深入浅出，使人容易快速理解	有较强的系统思维能力，思路清晰
	语言表达具有结构性，条理清晰，逻辑性强	
	能够透过现象看本质，抓住问题的关键点，提出新颖独到的观点	
	某个发言者所说的问题无突出见解时，能帮他进行分析和总结	
	准确总结成员观点，整合成新的观点并进行升华，形成最终的团队共识	
沟通协调	积极参与讨论，在讨论中发言次数多	有较强的沟通协调能力
	认真、耐心地倾听他人的发言	
	与他人谈话时，用点头和微笑给予反馈	
	当遇到沟通障碍时，以积极主动的心态和不懈的努力对待冲突与矛盾	
	观点分歧较严重时，通过求同存异使小组达成一致意见	
	当讨论氛围紧张时，通过各种方式调节气氛	
关注目标	聚焦讨论方向，关注讨论进程	有明确的目标导向，关注目标的达成
	合理分配时间，明确任务分工	
	及时注意时间，督促大家达成共识	

（续表）

行为分类	观察到的行为表现	能力评价
关注人员	注意调动每一位小组成员的工作积极性，恰当的时候给予表扬和鼓励	有较强的影响和推动能力，引领团队任务进展
	推动讨论适时地前进并获得实质性进展	
	当离题太远时进行干预，将大家拉回正题	
	对小组成员的疑问进行解答	
	对不恰当的观点进行纠正	
	果断拍板决定小组的观点或方案	

以上两种类型的工具，在形式和内容上可以进行改进与创新。例如，无领导小组讨论可改为圆桌论坛，指定角色讨论；演讲答辩也可以有多种形式，如现场抽题即兴演讲、主题词联想演讲、辩论，主要考察表达能力、分析理解能力和临场应变能力；角色扮演也可以改为事实搜寻，适合对中高层管理人员进行测评，主要考察分析思维、决策判断能力。

6. 看一贯表现和全部工作

我们评价一位员工时，既要看他的业绩、知识、经验、技能等外在表现，也要看他的潜力、个性、价值观、品德等内在素养；不仅要看现在的表现，还要看过去的表现。为什么要这么做呢？因为某一阶段的业绩好坏，可能与一个人的能力有关，也可能与经济周期等外部因素有关。

看一贯表现，其本质就是要把握一个人的发展轨迹和成长经历，尤其是其中的关键经历。因为人的成长不是一条平稳上升的直线，而是多次跳跃的脉冲。每次促成跳跃的转折点，都是人生的关键事件。经历不是资历，而是磨砺。所谓大难不死，必有后福，就像《西游记》中唐僧师徒所经历的

"九九八十一难"一样，人生的很多重大挫折其实都是一种财富。

在人才盘点中，还有一种评价方式经常会用到，而且操作起来也并不太复杂，更适合在企业内部使用，那就是述能会。述能会与述职会的区别如表 5-7 所示。

表 5-7　述能会与述职会的区别

评价方式	区别
述能会	述能的核心是"能力"，让述能者分析在一个阶段内自己行为上的优势、劣势，对自己过去的能力发展进行总结，并分析自己今后的发展趋势及如何提升能力
述职会	述职的核心是"绩效"，让述职者展示过去（通常是一个季度或一年）所取得的业绩、成果、存在的问题，并总结经验教训，做出下一阶段的规划

尽管述能与述职有一些共同的地方，但两者的视角和重点是不同的，一个是从能力的角度出发，一个是从绩效的角度出发。我们可以将述能会与述职会结合起来实施。

另外，述能会与行为化面试有什么区别？其实，述能会本质上也属于面试的一种特殊形式，只不过在操作流程和方法上与单纯的面谈有所差异，其采用的方法仍然是行为化面试的逻辑。述能会就像阅兵一样，员工用自己过去取得的成绩和行为事件阐述自己的能力优劣势以及未来的发展规划，测评者通过提问来了解其中的详情信息并给出评价，以过去的行为表现来预测将来的绩效表现。

一般来说，每位述能对象述能的时间建议控制在 40 ~ 60 分钟，可根据职位的重要性和人数做灵活调整。人力资源部门可以提前规定述能的内容结构，要求盘点对象按规定的结构进行陈述。某企业基层干部述能会的流程与内容如表 5-8 所示。

表 5-8　某企业基层干部述能会的流程与内容

环节		主要岗位容	时间
下属陈述	工作回顾与总结	个人履历、职位变化情况、绩效目标与完成情况、工作中的亮点与不足之处	25 分钟
	能力优劣势剖析	选取 2 ~ 3 个优势项和 1 ~ 2 个劣势项，列举具体的行为事件进行说明	
	能力提升计划	根据自己的能力优劣势，阐述准备采取哪些措施来提升自己的能力	
测评者提问		围绕业绩指标完成情况、能力优劣势、能力提升计划进行提问	25 分钟
测评者合议		从职位较低的测评者开始发表观点，包括评价结果和理由，其他测评者进行补充说明，重点阐述清楚待发展的能力以及提升的措施建议	10 分钟

　　能力优劣势剖析是重点，可以从胜任力模型中选择相应的指标，一般包括 2 ~ 3 个优势项和 1 ~ 2 个劣势项，无论是优势还是劣势都需要举出具体的行为事件。个人发展规划是根据自己的能力优劣势，阐述准备采取哪些措施来提升自己的能力。

　　如果述能会时间在 30 分钟内，那么盘点对象难以在这么短的时间介绍完整的行为事件，因此建议让盘点对象同时填写一份"工作成就事件记录"提前上交，列举 2 ~ 3 个完整的行为事件、2 个成功的行为事件、1 个遗憾的行为事件，每个事件都写清楚背景、任务、行为细节和结果，以及时间、地点、人物、具体经过，还要说明盘点对象在其中承担什么角色。当盘点对象进行陈述时，只需要介绍其中的要点，测评者可以通过阅读"工作成就事件记录"来了解细节，有疑问的测评者再做补充提问即可，这样可以大大提高述能会的效率。

　　现场准备好述能答辩的提问清单、述能者的个人背景资料供测评者参考，前期测评结果可作为述能答辩的参考。

具体的提问方法我们推荐采用行为面试（Behavioral Event Interview，BEI）法，它是目前公认的预测效度最高的一种测评技术，通过开放式问题和追踪式问题获取测评对象过去经历中的行为信息，以过去的行为信息来预测将来的工作绩效。BEI 法的核心是 STAR 原则，STAR 原则是基于完整行为事例原理的一个缩写，它代表测评时提问的四个要素，具体如表 5-9 所示。

表 5-9　测评中的 STAR 原则

单词	含义	提问举例
Situation	背景	这件事发生的背景是什么 当时有哪些具体情况
Task	任务	为什么要采取这样的行为 当时想要达到什么样的目的
Action	行动	当时你采取了哪些具体的措施 具体的过程是怎样的
Result	结果	最后结果是怎样的 事情结束后，您得到了什么样的反馈

例如，一位研发工程师述能，列举行为事件时说自己成功主导了一个产品的研发，并取得很好的销量。我们可以运用 STAR 原则进行以下方面的了解。

背景：这个产品是在什么样的背景下研发的，包括产品所属行业特点、市场需求情况、产品定位、主要竞品、面临什么样的挑战等。通过不断发问，全面了解述能者成功完成产品研发的前提，从而分清其所取得的成绩有多少是与述能者的个人能力有关的，有多少是与行业特点、企业提供的平台机会有关的。

任务：都有哪些工作任务，每项任务的具体内容是什么。

行动：了解述能者为了完成工作任务所采取的行动，即了解他是如何完成工作的、都采取了哪些行动、所采取的行动是如何帮助他完成工作的、都有哪些人参与了这个研发项目等。通过这些问题，可以进一步了解他的思维方式，以及其中体现出来的专业能力、职业兴趣和工作动力。

结果：这项研发任务在采取行动之后的结果是什么，是好还是不好，好是因为什么，不好又是因为什么。

另外，可以采用内外部测评者相结合的方式，内部测评者一般由盘点对象的直接上级、跨级上级、人力资源部的 OD/TD 负责人担任；外部测评者一般由咨询机构的资深顾问担任。

不同测评者可设置不同的打分权重，通常主测评者和直接上级的权重较高一些。主测评者一般由现场职位最高者担任，也可以由外部专家担任。在述能会开始前，由外部专家提前对内部测评者进行 30 ~ 60 分钟的培训，保证大家评分尺度不至于偏差太大，同时每三个人述能结束之后，测评者之间可以进行简短讨论，一方面是交换各自的观察点，另一方面也是为了统一大家的评价尺度，但是具体打多少分由测评者独立判断。

第 6 章

青梅煮酒论英雄

1. 人才盘点会应当这样开

三国时期，曹操以青梅煮酒邀刘备宴饮，议论天下英雄。曹操认为袁术、袁绍、刘表、孙策、刘璋等都不是英雄，因为"夫英雄者，胸怀大志，腹有良谋，有包藏宇宙之机，吞吐天地之志者也"。曹操与刘备进行的就是一场三国时期的人才盘点会，那么今天企业内部的人才盘点会该如何召开？

人才盘点会分为会前准备、会议召开和会后跟进三个阶段，具体内容如图 6-1 所示。会前准备就是准备盘点会的相关资料；会议召开又分为各部门预盘点会和企业总盘点会；会后跟进就是对盘点会形成的行动计划的实施情况进行跟进并及时反馈。

图 6-1　人才盘点会的三个阶段

如果企业规模较大，会有多级的预盘点会，自下往上层层展开。预盘点会的会议流程、操作方法与总盘点会是一样的，只是盘点对象不同而已。

许多企业把人才盘点等同于人才盘点会议，以为人才盘点就是开一个会，企业的经营班子或者几个高层领导凑在一起凭感觉对每个员工进行一番评论，然后根据讨论结果做出人事决策。这种没有工具和数据支撑的人才盘点注定会失败。在召开人才盘点会之前，我们其实需要做很多准备工作，包括准备好人才测评报告、盘点数据、人才九宫格等。

在召开人才盘点会前，业务部门和人力资源部门需要做的准备工作如表 6-1 所示。

表 6-1　业务部门和人力资源部门在人才盘点会召开前做的准备工作

部门	事项	具体内容	
业务部门	存量盘点	个体盘点	整体盘点
		• 个人人才测评报告 • 统计分析盘点数据 • 排布部门人才九宫格 • 填写员工发展档案	• 部门业绩情况 • 部门组织架构与关键岗位 • 部门人员情况，包括流失率、人效等 • 部门员工敬业度
	增量盘点	• 思考部门继任计划 • 预测部门未来人才需求 • 制订组织优化计划	
人力资源部门	提供指导	• 为各业务部门的准备工作提供指导和帮助，尤其是将一些涉及人力资源管理的数据和信息（如人员流失率）及时提供给他们	
	收集资料	• 收集并汇总各业务部门要准备的资料	
	协调时间	• 协调高管和业务部门参加盘点会的时间	

在准备盘点材料时，各事业部、分 / 子公司、部门的负责人需要认真思考表 6-2 所示的问题。

表 6-2　准备盘点材料时要认真思考的问题

分类	思考问题
组织结构	• 本单位的组织结构是怎样的？该组织结构有没有遗漏关键业务 / 职责 • 组织的效能和组织氛围如何？管理幅度是否合理 • 从分战略、组织效率最大化方面来看，该组织结构的优势与不足有哪些？有哪些地方需要提升 • 要不要调整组织结构？调整或不调整的原因是什么

（续表）

分类	思考问题
能力评价	• 直接下属的能力如何？哪些是高潜人才？哪些是需要淘汰的 • 哪些是关键岗位？这些关键岗位现有人员的能力如何 • 哪些关键岗位有空缺的风险？原因是什么？对组织的影响是什么 • 这些关键岗位有没有合适的继任人选？若有，他们是谁？为什么是他们
行动计划	• 针对高潜人才的发展计划是什么 • 针对目前的状况，结合组织战略，未来 6 ~ 12 个月的行动计划是什么

除了常规的盘点会以外，企业还可以通过几种其他的会议形式来开展人才盘点工作，如拉通会、校准会、述能会等。这几种会议形式的特点如图 6-2 所示。

图 6-2　人才盘点会几种会议形式的特点

盘点会是针对所有盘点对象的工作表现进行讨论，以确定他们的评估结果。盘点会需要花费的时间较多，效率较低，效果也一般。

拉通会是选取部分有代表性的盘点对象（一般为初盘时上级评价与员工自评差异较大及初盘结果为优秀或差的员工），讨论其评价结果，以此提升管理层对评价标准的认知，以统一评价尺度。因此，拉通会是在初盘之后、最终盘点之前召开的，拉通会之后，各部门还需要对盘点结果进行修改调整。拉通会所需要的时间较少，但是效果一般。

述能会是在盘点讨论前增加一次述能答辩，给每位盘点对象一次展示自我的机会，测评者可以与盘点对象进行问答互动，这样能更深入地了解盘点对象。尤其是当测评者对盘点对象不太熟悉时，通过召开述能会，能取得不错的效果。

校准会是指将盘点中比较容易产生争议的能力评价部分通过测评工具或交由咨询顾问来测评，然后通过校准来修正盘点结果。校准会需要对所有人的盘点结果一一进行确认和校准。与盘点会相比，它所需要的时间相对较少，效果也不错。

当然，以上几种会议形式可以结合起来实施。例如，先开拉通会，后开盘点会；或者先开述能会，后开盘点会。

企业总体人才盘点会开完之后，会形成组织优化计划，它包含图 6-3 所示的内容。

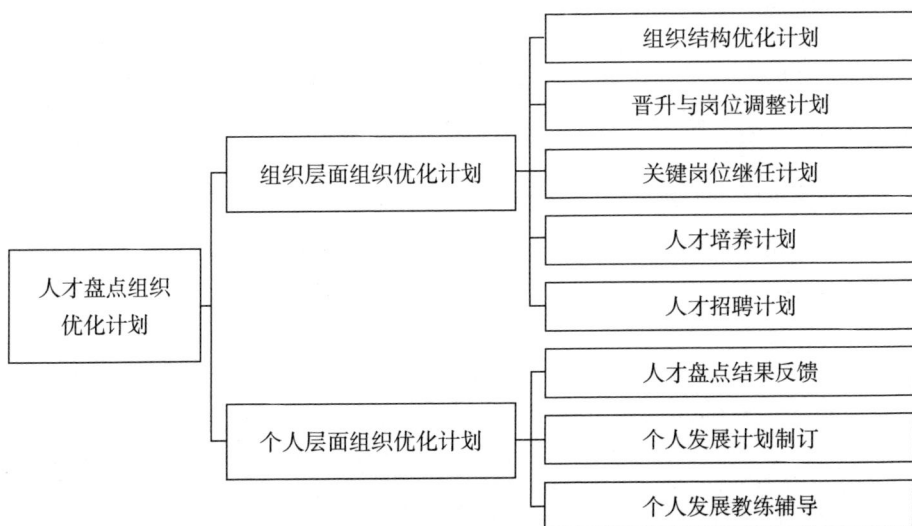

图 6-3　组织优化计划包含的内容

组织优化计划的跟进方式有两种：一是将组织优化计划纳入各部门的日常工作计划中，并指定专人负责，重要事项应当成立项目组；二是要定期（按月或季）跟踪进展情况，并对完成情况进行复盘。

2. 九宫格要活学活用

人才地图是人才盘点中一个最重要的成果，也就是我们常说的人才九宫格，它是一种识别人才和对人才进行分类管理的工具，即根据员工的能力评价结果（也可以是潜力评价结果）和绩效考核结果将人才分为九大类，每类人才都有明确的定义。

GE 的九宫格主要从业绩和价值观两个维度对人才进行考评，每个格子都反映了被考评人在业绩和价值观中的表现处在哪一位置。九个格子包括朽木、阻碍、占位者、工蚁、过渡者、潜力者、贡献者、才华初露者、明星。九宫格以一种可视化的方式呈现了企业的人才状况，哪些人是超级明星、哪些人是中坚力量、哪些人需要淘汰等全部一目了然。

在企业的人才培养过程中，大多数企业根据绩效—潜能矩阵九宫图来进行培训资源的配置。腾讯公司的人才九宫格如图 6-4 所示。

根据企业所处行业、企业文化的不同，九宫格也可以有不同的呈现形式。企业可以根据自身的经营和管理特点，对九宫格进行调整和更新，具体示例如图 6-5 所示。

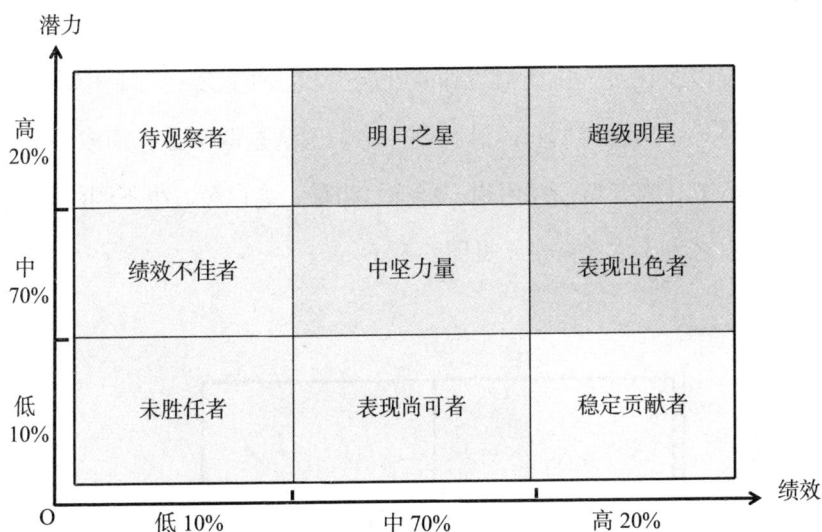

图 6-4　腾讯公司的人才九宫格

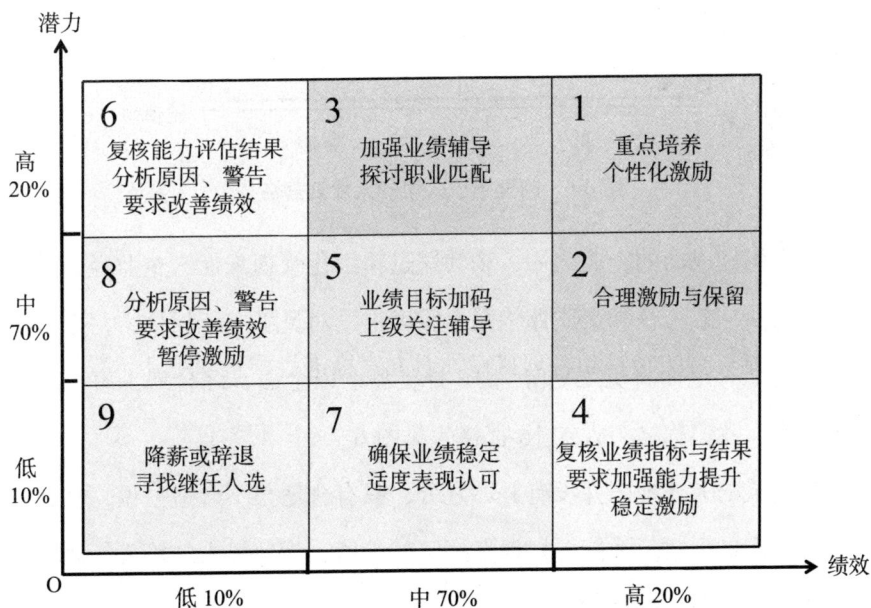

图 6-5　基于九宫格的人才分类管理

与经典的九宫格相比，阿里巴巴从两方面评估人才：一是业绩考核，即目标的完成情况以及在过程中所展现的胜任能力和职业素养；二是价值观考核，企业价值观体现在所总结的"六脉神剑"中。围绕这两个指标构成的坐标轴，阿里巴巴将员工分为五类，并用狗、野狗、明星、老白兔、牛不同的动物进行比喻，我们称之为人才五宫格（见图6-6）。

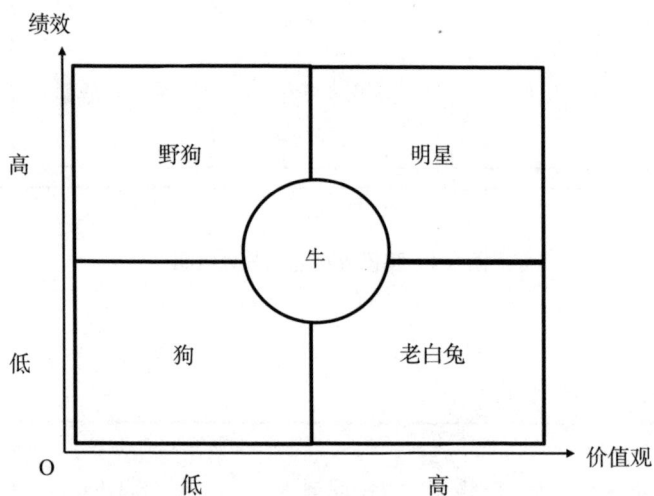

图6-6 阿里巴巴公司的人才五宫格

作为中国最成功的企业之一，华为通过精细化管理来促进企业经营效益的提升。华为从绩效考核和素质评估两个维度出发对员工进行评估，每个维度细分为四个等级，进而将员工划分为16种类型，以全面、综合地了解队伍状态和人才特点，我们称之为人才16宫格（见图6-7）。

不同形式的人才地图并没有好坏之分，只有合适与不合适一说，选择符合组织当下需求的形式，才能更好地发挥它的价值，为后续人才管理行动计划的推动和落地打下坚实的基础。

在开展人才盘点工作时，很多企业中有的部门担心自己的下属会被企业淘

绩效考核

	无潜力C	低潜力B	中潜力A	高潜力S
卓越绩效S	表现尚可	中坚力量	优秀员工	明星员工
优秀绩效A	表现尚可	中坚力量	优秀员工	优秀员工
良好绩效B	表现欠佳	表现欠佳	业务骨干	业务骨干
有待改善绩效C	失败者	表现欠佳	表现尚可	表现尚可

素质评估（态度/能力）

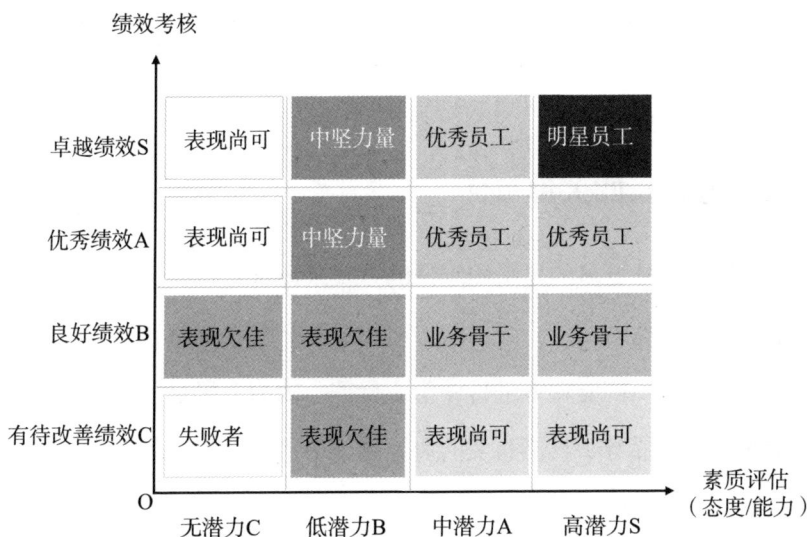

图 6-7 华为公司的人才 16 宫格

汰，有的部门为了争取更多的晋升和加薪名额，都把自己的人往第一宫格、第五宫格里面排，导致企业尽管业绩在下滑，但是各部门的优秀人才却一大堆。这属于评价失真的问题，它分为两种情况：一种是主观意愿上想给本部门打高分；另一种是非主观意愿的，由于每个人的打分尺度不同，有的人手紧，有的人手松，导致当企业进行排名对比时，打分手紧的部门会吃亏。

评价失真的问题解决起来并不难，具体可这么做：一是在各部门开展预盘点之前，组织进行一次培训，详细、具体地介绍人才盘点的意义、操作流程、评价标准、指标内涵等；二是在打分时要采取强制比例分布，如按照"二七一法则"来评分，即优秀的比例占 20%、良好的比例占 70%、不合格的比例占 10%。

"二七一法则"来自 GE 的"GE 活力曲线"，就是以业绩为横轴，以组织内达到这种业绩的员工数量为纵轴，得到一张正态分布图。GE 就是利用这张正态分布图，划分了业绩排在前面的 20% 的员工、业绩排在后面的 10% 的员工以及业绩居中的 70% 的员工。"二七一法则"被广泛用于绩效考核与

113

人才评估中，腾讯公司的人才盘点采用的就是该法则，阿里巴巴采用的则是"三六一法则"。

3. 影响能力成长的关键事件

如果说测评工具更多的是采用定量的方式来评价盘点对象，那么在人才盘点中一定离不开定性的评价，即由盘点对象的上级在参考测评结果的基础上对下属的能力、潜力、价值观等进行评价或校准。因为上级最了解下属，同时上级评价能够将下属置身于具体真实的业务场景中进行考察，使人才盘点的结果更贴近实际。

也许有人认为，以数字来评估最客观，但单纯的数字可能产生误导。依赖于数字的评估往往很肤浅，有时候甚至很危险。完成业绩固然重要，但业绩指标本身不能完全反映一位领导者的所作所为，数字导向的业绩考核可能完全忽略了因果关系。

在人才盘点中，上级对下属进行评价时，要重点把握关键事件。华为注重在关键事件中选拔核心员工，如当企业经营出现危机、需要采取战略性对策、实施重大业务和员工管理政策调整等时，如果员工表现出鲜明的立场，敢于为企业利益而坚持原则，那么他就会优先得到选拔。

DDI 总结提炼出 50 多项促进管理人员能力成长的工作历练，他们认为缺乏必要的工作历练，比其他因素更妨碍高潜质员工获得他们所希望的晋升。

创新领导力中心（Creative Leadership Center，CCL）研究发现，驱动中国企业家领导力发展的关键经历有七项，分别是扭转局面、错误和失败、职位扩展和升职、新任务、早期经历、组织变革、典范人物。

李峰（笔名风里）老师认为，一个久经考验的领导人，应该拥有很多关键经历，如对企业进行全面管理，包括对盈亏负责，管理全职能部门（接受销售、财务、人力资源、研发、生产等部门的直接汇报），制定或调整战略，建立新的组织或团队，搭建新的体系或机制；还应拥有尽量多的职能部门的管理经历。而只有过了裁员、扭亏为盈、逆境这三关的领导者才算经得住考验的领导。

综合以上观点，我梳理了以下四项最为重要的关键经历（见表 6-3），排序代表着其重要程度。更通俗地说，扭转局面是将坏事变成好事，遭遇挫折就是摊上坏事了，晋升扩展就是比以前做更多、更重要的事，从 0 到 1 是指做新的事情。

表 6-3　最有利于人才成长的关键经历

排序	关键经历	解释	具体事件描述
1	扭转局面	指临危受命，扭转困难的局势，并最终取得成功	如扭亏为盈、并购与重组、推动变革、大规模裁员、处理重大危机、协调白热化的人际矛盾、解决老大难问题
2	遭遇挫折	指工作中经历了重大的失败与错误	如市场份额下降、资金链断裂、重大质量安全事故、大规模员工离职
3	晋升扩展	指职务级别得到提升，或者职责权限扩大，增加了新的工作内容	如管理额外的项目或工作，管理更多的员工、更重要的部门，从技术岗位提拔到管理岗位，从管一个团队/部门到管理整个组织
4	从 0 到 1	指发起或参与创新活动，或开拓新业务	如开发新产品、新服务，将业务拓展到新市场，筹建新企业、新工厂、新门店，从零开始搭建新的机制、流程、体系

在宝洁公司，任何人想要晋升为高层，如副董事长或 CEO，都必须经历三次历练：在某个国家管理多个品牌，负责某类产品的全球业务，拥有在海外生活的经历。

刘强东曾说过："招聘管理者，我会分析他的从业经历，一定选从基层做起的人。举个例子，如果一个人一直念书念到博士，然后直接进入一个超大型企业做工程师，这样的人我不太敢用。另外，如果是招聘高管，他必须要有国内企业工作经验。纯外企经验的，我们不要。如果他大部分时间在外企或国外工作，那么我认为他在团队融合方面会出现问题。"

如果一位领导人从未失败过，那么他的经历也是不完整的。如何应对挫折往往能反映一个人的性格，如果能从中吸取教训，这段经历会磨炼他的意志，让他更有能力面对未知事件和逆境。当发现人才遭遇挫折时，应分析他失败的原因，观察他的反应，看他是如何调整的，这样才能考察他的真正能力。

DDI、Hogan、CCL 等机构研究表明，某些个性和行为常常会给高管带来问题，而且这些不像能力那样可以被直接观测。有些个性特征能够帮助高管成功（优点），有些则会令高管失败（性格缺陷）。表 6-4 为高管常见的性格缺陷（来自 DDI），在人才盘点中也需要注意。

表 6-4　高管常见的性格缺陷

排序	性格缺陷	解释
1	依赖性强	总是寻求别人的赞扬和肯定，特别是企业里那些级别比他们高的员工
2	争强好辩	多疑、紧张，怀疑一切，目光集中在固守自己的利益上，抵制对他们的辅导和反馈
3	傲慢自负	过于自信，因此不愿意倾听，通常不理会别人的观点和反馈
4	爱出风头	喜爱社交，具有吸引力，并且善于游说，但是做过头了就会变成哗众取宠、自我炒作、故意出风头
5	遇事逃避	只关注自己的日程，更喜欢暗地里悄悄处理问题（避免更加直接的解决方案）
6	异想天开	让人感觉富有创意，喜欢跟别人不一样
7	不知不觉	不能理解别人的行为、意图和动机，也不理解人对他们行为的反应
8	急躁冲动	急躁，没有耐心，不可预知其行为，倾向于不考虑后果就采取行动

（续表）

排序	性格缺陷	解释
9	完美主义	倾向于事必躬亲，习惯控制和苛求别人
10	害怕风险	没有决断力，过于优柔寡断，或者不愿意采取与众不同的、非传统的行为，过分强调失败的前景
11	反复无常	很难控制自己的情绪，喜怒无常，很容易勃然大怒

当领导者被提升到承担更多责任、面临更多不明确的因素和更多压力的岗位时，无论成败，个性因素在其中都会发挥更大作用。针对性格缺陷的评价，可以通过日常工作中的表现或通过性格测评来展开。

4. 摆事实、讲道理

盘点会议议程如图 6-8 所示。

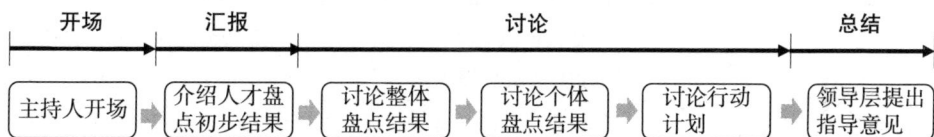

| 开场 | 汇报 | 讨论 | 总结 |

主持人开场 → 介绍人才盘点初步结果 → 讨论整体盘点结果 → 讨论个体盘点结果 → 讨论行动计划 → 领导层提出指导意见

图 6-8　盘点会议议程

（1）**开场**。由会议主持人介绍盘点目的、盘点对象、盘点标准、会议议程，强调会议的原则和基本要求。

（2）**汇报**。由汇报者（业务部门负责人）介绍本部门的业绩达成情况、组织结构与关键岗位、人才九宫格初步结果、未来的行动计划。

（3）**讨论**。讨论阶段是盘点会议的核心环节，也是花时间最多的环节，其又分为三个小的环节：讨论整体盘点结果，讨论个体盘点结果，讨论行动计划。讨论整体盘点结果，包括讨论当前组织结构、组织绩效及未来组织架构设置、关键岗位、人才需求等；讨论个体盘点结果，包括每个人的绩效与能力评价结果、修正人才九宫格等；讨论行动计划，包括继任计划、组织结构优化、人事调整计划、外部招聘计划、内部培养计划等。

（4）**总结**。企业高层对下一步行动计划提要求、做指示。

主持人积极营造一个宽松、坦诚的讨论氛围，许多微妙的话题便会自然地浮现出来。盘点会的促动可按表 6-5 所示的提问技巧来开展。

图 6-5 人才盘点会促动的提问技巧

分类	提问要点	举例
是什么（what）	具体行为表现	你认为张某的策略制定能力比较强，具体体现在哪些方面？有哪些具体的事例
	意愿	如果把张某调到另一个大区，他个人的意愿是怎么样的？他的家人会支持他吗
	有什么影响	张某的带队伍能力不足，会给团队带来什么样的影响
为什么（why）	为什么是这样	你为什么认为李某的离职风险比较高
	为什么会变成这样	据了解李某以前不是这样的，为什么他现在有这样的表现
怎么办（how）	晋升	刘某担任总监已经三年了，你是否会考虑给他晋升，或让他承担更多的管理职责
	培养	你会采取哪些方法去提升刘某带队伍的能力呢？是不是重点帮他提升抓重点和授权的能力，多给下属锻炼的机会
	激励	有什么方法可以激发刘某的潜力，让他在团队中发挥更大的价值呢

这种集体讨论的好处在于，多位领导可从多角度进行核查，避免了由于上级领导与下属的密切关系带来的偏见。有的上级领导为下属辩护时，经过这种讨论才发现他们其实都无法证实自己的判断，在讨论中呈现出来的事实比上级领导的观点更具有说服力。当几位领导同时看出某个人的某项特质时，这项特质几乎就是百分之百的事实。当然所有观察都必须基于实事求是。集体讨论有助于达成共识。

除了需要知晓整体的人才现状，人才盘点的重点是要了解每个人的能力差距，并进行有针对性的提升。也就是不仅要知道这个人优秀，还要知道他的优秀体现在哪些方面，否则就不能使他的能力得到最大限度的发挥，最终他会离开企业。

在盘点过程中，重点是发现优点而不是缺点。人无完人，一位领导者创造优异业绩的前提是他的优势正好与这个职务的需求相匹配，或者企业为他设计了一个量身定制的工作岗位。不要因为一个缺点就把这个人否定掉，要看他的一贯表现和全部工作。

评价的关键是要具体、明确，当有人列出某人的具体能力时，必须进一步追究这句话的具体含义。因为同一句话的含义可能因为每个人的理解不同而有所不同。

有些企业的管理者认为，自己与下属朝夕相处，对他们的工作业绩和表现都看在眼里，至少比其他人更了解他们。事实上这是不一定的，因为识人本来就是一件很难的事情，所谓人心难测，管理者很有可能看人视角比较单一，加上下属平时也可能刻意在上司面前展示较好的一面，所以往往有看走眼的时候。而其他人的观点并不是否定上司的判断，而是丰富他看人的视角。

德鲁克指出，职业经理人的任务不是去喜欢员工，也不是去改变员工，而是帮助员工将长处充分发挥出来。无论你是否认同某个员工或赞同某个员工的工作方式，你都应该看他的工作绩效，而不应受其他主观感情的干扰。

因此，在人才盘点会议中，每一位与会者都需要遵循表 6-6 所示的原则。

表 6-6　人才盘点会议原则

原则	详细解释
客观	以事实为依据进行评价，将个人情感拒之门外
开放	真实表达自己的看法和建议，鼓励大家畅所欲言
倾听	认真倾听他人的观点，尤其是那些不熟悉的人

（续表）

原则	详细解释
保密	会议中的所有讨论内容都不准外泄
聚焦	将时间花在评价最高和最低及有争议的人身上，而不要将时间平均分配到每个人身上

在盘点会议中，以下几种行为（见表 6-7）容易破坏会议效果，我们要尽量避免。

表 6-7　人才盘点会中要避免的行为

要避免的行为	详细解释
恃强凌弱	有影响力的高管咄咄逼人地将自己的观点、偏好和感觉强加于人，不擅于倾听他人的观点
道听途说	不了解真相，喜欢通过一些小道消息和主观臆断得出笼统结论
人云亦云	没有自己的独立观点，易受他人影响
以偏概全	对人有成见，受过去某些不良印象影响，而给出过低的评价
光环效应	很多业务领导往往根据员工日常的工作绩效和表现对其给出过高的评价，如一些绩效好的员工，或一些工作态度好的"老黄牛"
心不在焉	注意力不集中，大会下面开小会，不时地玩手机或出去接听电话
沉默寡言	从不发言，不提意见，即使有不同看法也不说出来
缺乏耐心	不耐烦，急切地想结束会议，催赶会议进程，匆忙做出决定，重效率而轻效果

在盘点会议中，有时候大家观点不一致，这是正常现象，大部分情况下是由于大家的观察视角不同、对标准的理解不一致所导致的，因此需要鼓励质疑和辩论，通过摆事实、讲道理对人才进行全面深入的评价。如果实在达不成一致意见，可以采用求同存异的方式，将比较重大的争议暂时搁置，可以回头再去调查和确认，不建议按照少数服从多数、谁职位高谁说了算的原则仓促做出决定。

5. 用数据说话

盘点会结束之后会形成盘点数据，这些数据是一笔非常宝贵的财富，可以为人事决策与人才发展提供很好的参考依据。盘点数据分析分为个体分析和团体分析。

个体分析是指对单个盘点对象的数据进行分析，主要包括如下四个方面。

（1）**跟标准比**。每次盘点应该都有一个相对应的标准，即每个指标要达到多少分算合格。因此，将盘点的分数与标准进行对比，就可以了解个人的能力差距。如图 6-9 所示，该员工的沟通能力、执行能力得分高于标准要求，系统思维、学习能力、创新能力得分低于标准要求，说明他可以承担具体的执行与协调的工作，但由于思维能力较弱，无法应对复杂的局面。

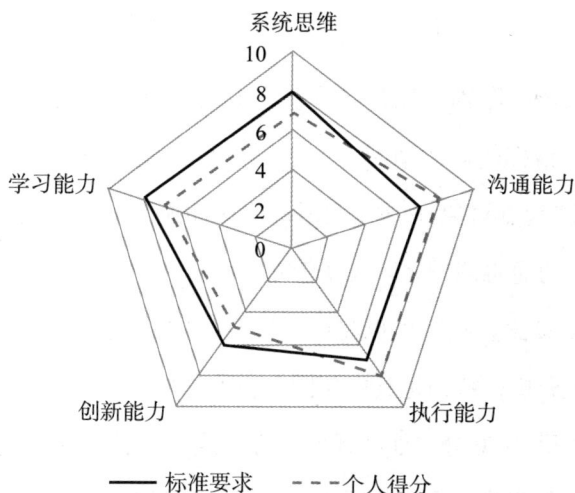

图 6-9 个人能力得分与标准对比示例

（2）**跟自己比**。跟自己比主要是看各个盘点指标中哪个指标得分相对较高、哪个指标相对较低，从中可以看出被盘点者的优势与劣势。如图 6-10 所示，该盘点对象在专业能力、关注结果、快速学习和高效协同方面的得分较高，而在 BOSS 思维、发展他人、激励他人三个方面的得分较低，这可以看出他是个好员工，但不是一个好的管理者。

单位：分

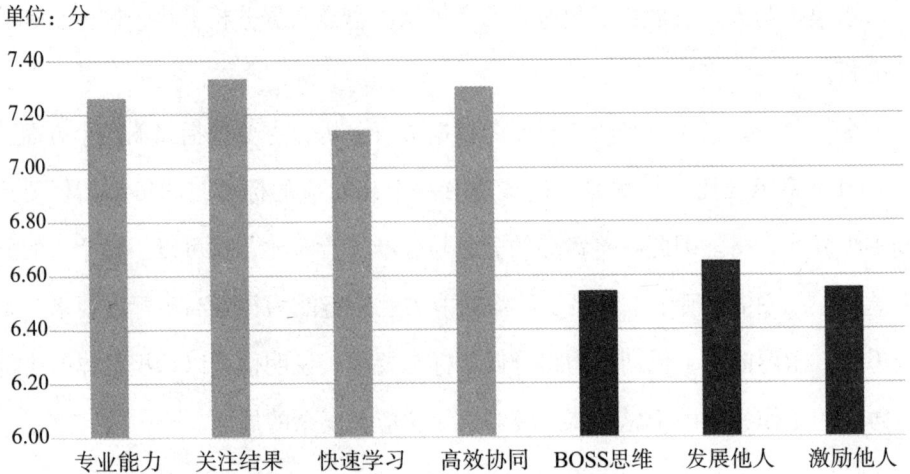

图 6-10　个人测评得分分析示例

（3）跟别人比。跟别人比就是将盘点成绩与同一批次参与盘点的群体进行对比。从每个指标的对比情况，可以看出与其他人的差距在什么地方。如图 6-11 所示，该盘点对象在政策领悟、团队激励、学习能力方面表现较好，而在辅导培养、沟通协调方面则表现较差。

（4）不同工具比。我们可以将同一次盘点中通过不同工具得出来的结果进行比较与关联分析，特别是其中相同与相近的指标。例如，在 360 度评估中张三的沟通能力得了 70 分，而在评价中心中他的沟通能力却得了 80 分，这就需要分析了。一般来说，两种不同的工具得出的结果有一定的差异是正常的，因为每种工具测评的侧重点不同。

单位：分

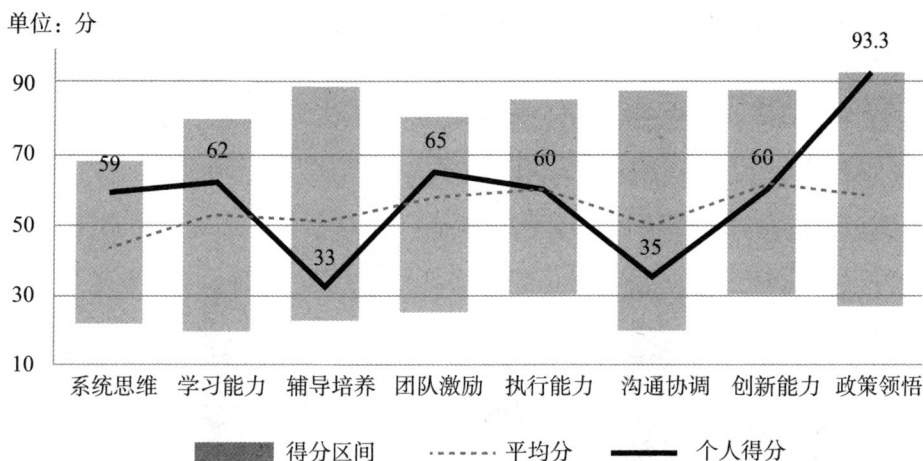

| 得分区间 | ----- 平均分 | —— 个人得分 |

图 6-11　个人测评得分与他人对比分析示例

以上四种比较分析都是为了了解差距和不足。第一种与标准比是一种绝对的差距；而第二种与自己比、第三种与别人比则是相对的概念，而且有时这两种比较在表面上可能会有一定的矛盾之处。例如，图 6-11 中的这个测评对象，其系统思维只有 59 分，与自己比的话系统思维并不算优势，但与整个群体相比，它明显高出平均分，所以也可以算是他的优势指标之一。

团体分析是对同一批次的所有盘点对象进行整体性分析，从中了解团队的整体能力情况，发现管理问题。我们主要从以下几个方面进行分析。

（1）内部对比分析。内部对比分析与个体分析一样，要先对全部盘点对象的平均分进行分析，得出团体在能力方面的共性优劣势特征。如图 6-12 所示，该企业中层管理人员在高位思考、创新突破和团队打造三个方面的平均分较低，说明这是他们的共性劣势，因此这三个指标就是培养发展的重点。

此外，还可以从性别、年龄、学历、在岗时间、层级、部门等方面进行对比分析，从中得出不同群体的能力情况。如图 6-13 所示，盘点结果与在岗年限成正比，在岗时间越久得分越高，说明员工的能力随着时间推移得到了良性增长，也说明人员能力提升比较依赖于经验的积累。

单位：分

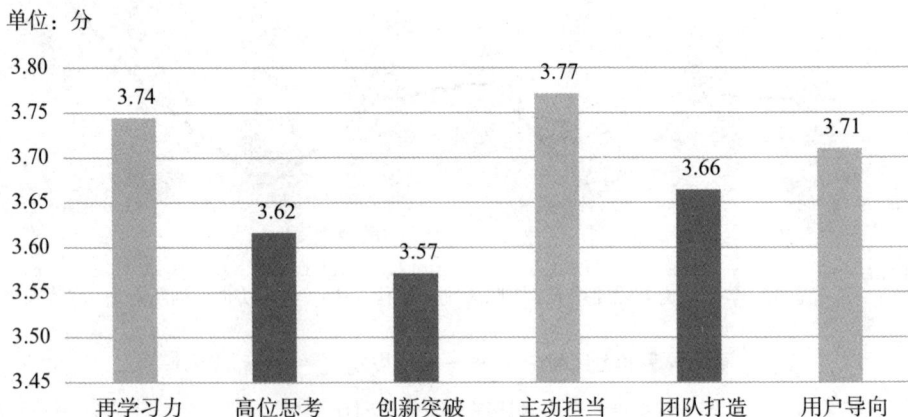

图 6-12　团体整体优劣势分析示例

单位：分

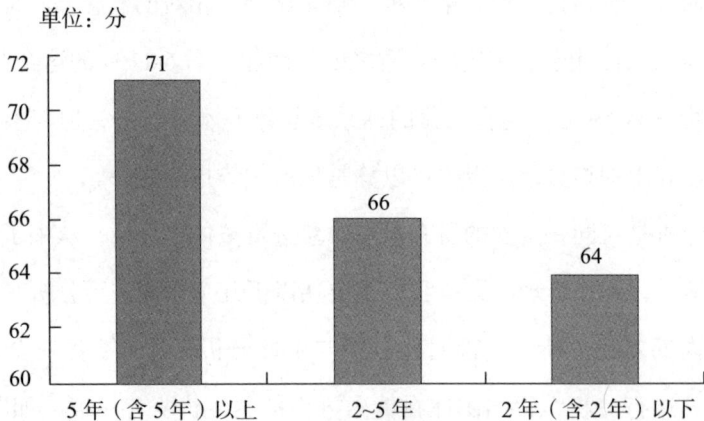

图 6-13　不同入职时间测评结果对比分析示例

再如，某企业根据学历情况进行盘点结果分析，发现学历越高得分越高，这说明学历对岗位的影响很大，因此以后这个岗位招聘时就要招高学历的人。

（2）行业对标分析。行业对标分析就是将盘点数据与整个行业的相关情况进行对比。需要注意的是，对比的群体只有与本次被盘点的群体在年龄、学历、层级、职类方面相近或相似，双方才具备可比性。例如，某地产企业将本企业中层管理人员的盘点结果与地产行业中层管理人员的能力数据进行对比分析，发现他们在基本潜能、业务分析、执行推进、压力承受方面相对表现较好，而在团队领导和沟通协调方面表现一般，具体如图 6-14 所示。

单位：分

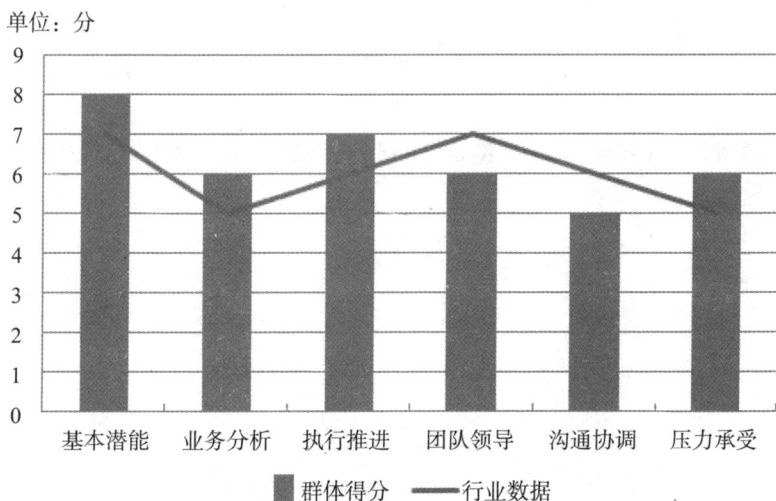

图 6-14　团体得分与行业数据对比分析示例

（3）素质结构分析。根据整个盘点对象的团体测评成绩，按照优、中、差三个等级，将人才素质结构分为以下五种类型，具体如图 6-15 至图 6-19 所示。

盘点成绩代表了能力或潜力的高低。在一个企业里，能力差的人不能占多数，否则企业的发展就没有人才支撑；同样，能力优的人也不能占多数，因为优秀人才太多会导致大部分人才得不到锻炼，他们很可能会离开企业，除非企业内部有足够的发展平台与空间。

因此，在这五种人才素质结构中，最理想、最健康的结构是橄榄型：能力中等的人较多，可以保证企业发展有足够的人才支撑，同时又不至于导致内部

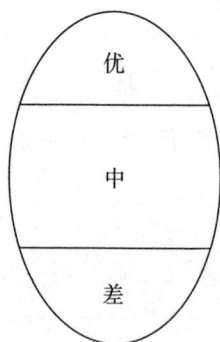

图 6-15　橄榄型

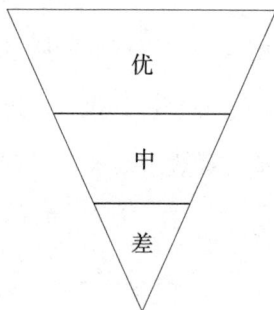

图 6-16　倒金字塔型

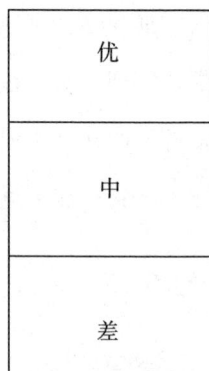

图 6-17 直方型

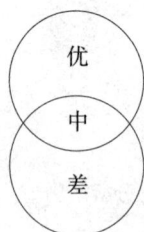

图 6-18　花生型

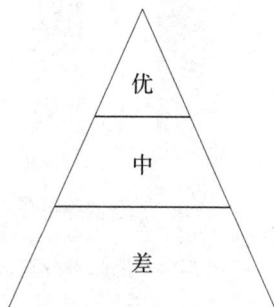

图 6-19　金字塔型

发展空间不足的问题，而且能力中等的人经过一段时间的培养和发展，可以成长为能力优秀的人。因此，这种结构的人才队伍最稳定，能很好地促进企业发展。通常能力中等的人员占 50% ～ 70% 是理想状态。

倒金字塔型结构会导致优秀人才过剩，产生不稳定因素；直方型结构相对比较稳定，但在未来发展方面也会存在人才不足的情况。这两种结构没有橄榄型结构好，但存在改进的空间，可以很好地调整，使其更加完善。

花生型结构由于能力中等的人才太少，会导致出现人才断层现象，影响企业的发展。金字塔型结构由于优秀人才太少，无法对企业发展产生支撑作用。这两种结构是不健康的人才素质结构，要尽量避免。

对盘点数据的应用分析还有很多的角度和方向，企业要根据不同的目的、不同的情况进行选择，在此不一一介绍。

6. 好戏才刚刚开始

人才盘点能帮助企业发现人才管理方面的问题，但它无法创造人才，并不能直接使企业的人才变多，它只是万里长征的第一步。如果人才盘点后不采取任何措施，一两年后人才也会慢慢积累经验，自己获得成长，那么基于人才盘点结果启动人才培养计划就变得没有任何意义了。就好比去医院做体检一样，检查发现了一些健康问题，但是你不理它，结果病情恶化了，那就为时晚矣。有句话叫"可怕的不是未知的未来，而是不断重复过去的错误"。

因此，人才盘点会议的结束，也意味着各项人才管理工作的开始，前期的分析结果，为后续的一系列人才管理措施提供了重要的参考信息。通过人才盘点，要形成一系列的成果输出与行动计划。

（1）人才密度分析

作为人才盘点的核心工具与成果，人才九宫格更多的是从个体的角度对人才进行分类，而从团队或组织的角度则需要采用其他的工具进行分析。笔者于2017年梳理出人才密度（或称人才储备度）的分析工具，其纵坐标为现有岗位上的人才匹配度，代表着现状；纵坐标为高潜人才的供给度，代表着未来。根据这两个维度，我们可以将一个团队的人才划分为四种类型：人才沃土、人才江海、人才矿山、人才洼地，具体如图 6-20 所示。

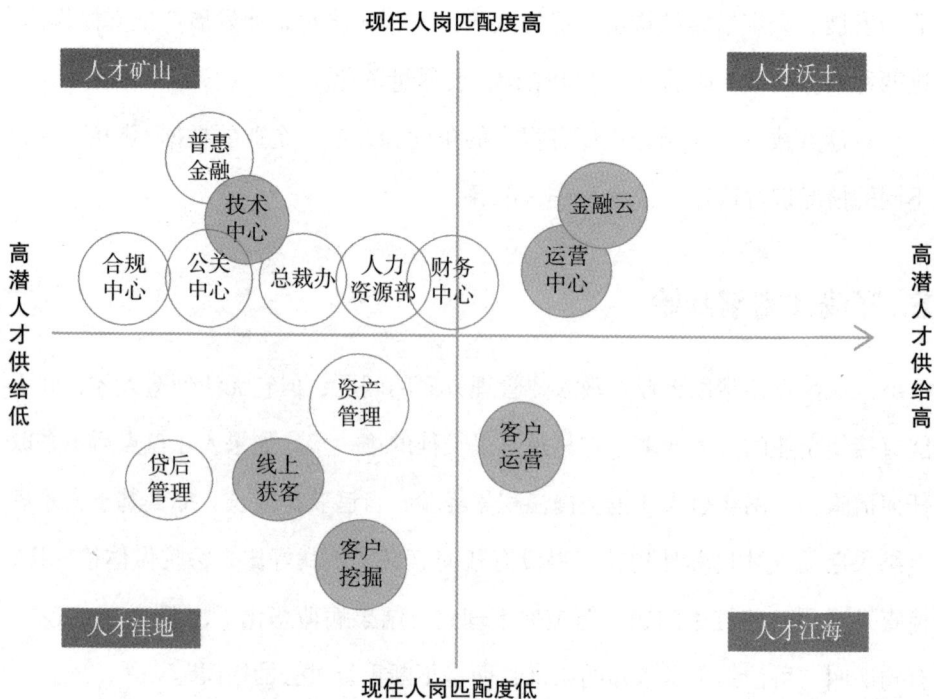

图 6-20　人才密度分析

通过图 6-20，我们能一目了然地知道哪个部门的人才密度高、哪个部门的人才密底低。人才密度高的部门要向人才密度低的部门输送人才，人才密度低的部门如果需要加强业务扩张和夯实组织能力，就有必要从外部招聘更多优秀人才。

（2）继任地图

通过继任地图，我们可以了解在关键岗位上现任的人岗匹配度如何，有哪些人现在可接任？哪些人 1 年内可接任？哪些人 2 ~ 3 年可接任？哪些人虽然在几年内达不到接任的要求，但是可以作为高潜人才重点培养？

人岗匹配度以能力评价为主，参照绩效综合评定。建议将处于九宫格中 1 号、2 号、3 号宫格的定义为人岗匹配度高；4 号、5 号、6 号宫格的定义为人岗匹配度中；7 号、8 号、9 号宫格的定义为人岗匹配度低。高潜人才是指未来可进入高潜干部池进行重点培养的人，只要潜力评价为优就可以，不考虑绩效、能力情况。

我们以三国时期魏蜀吴三国谋士的人岗继任情况（见表 6-8）来举例。在曹操这边，第一谋士是郭嘉，同时还有荀彧、司马懿、贾诩、荀攸、程昱，可谓人才济济；在孙权这边，重要谋士是周瑜，周瑜之后还有鲁肃，鲁肃之后有陆逊，陆逊之后有吕蒙，基本上也没有出现人才断层；但是在刘备这边，诸葛亮是第一谋士，还有庞统也很厉害，但却没有其他人可以接替，而姜维则是在诸葛亮主政后期才出现的，人才断层比较严重。因此，从这样的一个继任地图中，我们就可以清晰地了解每个团队、岗位的人才梯队是否合理、风险性高不高，然后就可以有针对性地进行优化改进了。

表 6-8　人岗继任样例

岗位名称	谋士	军师	都督
现任干部姓名	郭嘉	诸葛亮	周瑜
现任干部的人岗匹配度	匹配度高	匹配度高	匹配度高
现在可接任	荀彧	庞统	鲁肃
1 年内可接任	司马懿、贾诩		陆逊
2～3 年可接任	荀攸、程昱		吕蒙
可重点培养的高潜人才		姜维	

（3）岗位调整计划

岗位调整计划是指基于人才盘点结果，决定哪些人需要晋升、哪些人需要调整岗位、哪些人要降级、哪些人要淘汰，并将这些事项整理成一个计划，供高管决策。

岗位调整计划是基于九宫格的排布而做出的调整方案，需要简明扼要地说清楚调整的理由与依据，以便高层更好地做出决策，具体样例如表6-9所示。

表6-9 岗位调整计划样例

序号	部门	姓名	调整类型	调整前		调整后		说明
				岗位	职级	岗位	职级	
1	产品部	张三	晋升	产品经理	P6	产品专家	P7	连续两个季度绩效评价为B，去年绩效评价结果为A
2	研发部	李四	平调	研发经理	P5	产品经理	P5	在产品方面有深入的见解，项目管理能力强，三年未变换过岗位，个人也很想往产品方向发展
3	行政部	王五	平调	行政经理	P5	公关经理	P5	在公共关系事务处理上，有突出的能力表现，也有成功的案例，当前公关部岗位空缺严重
4	销售部	赵六	降级	销售总监	P6	销售经理	P5	连续两个季度业绩完成率较低，团队离职率高

（4）组织优化计划

在盘点会议中，对关键问题达成共识后，高管团队需要制订一系列组织优化计划。这些计划可大可小，可以是长期的也可以是短期的，企业应依据其重要程度和紧急程度，安排其先后次序，并明确责任人和关键时间节点，具体样例如表6-10所示。

表 6-10　组织优化计划样例

序号	组织优化计划	责任人	完成时间
1	调整组织结构，将原来的 10 个二级部门调整为 5 个，减少管理幅度	杰克	2022 年 3 月 31 日
2	建立司令员（中心总经理）、政委（HRBP）、参谋长（销售运营总监）的铁三角管理模式	露西	2022 年 1 月 31 日
3	完成两个城市分公司总经理、11 个销售总监的招聘	杰森	2022 年 1 月 31 日
4	启动城市分公司总经理集训营	安迪	2022 年 2 月 28 日
…	……		

需要注意的是，组织优化计划是针对组织或某个部门要采取的管理措施，而不是针对盘点对象的能力提升计划，制订该计划的目的是提升组织效能和激发人才活力。

（5）人才发展档案

在人才盘点过程中，有一个很重要的环节，即需要由上级对盘点对象进行评价，并出具一份报告。由于人才盘点的精细化程度不同，个体的盘点报告形式略有差异，最全面的是人才发展档案，次之是个人综合测评报告，最简单的是反馈信息表，它们在内容上的差异如表 6-11 所示。

表 6-11　人才发展档案、个人综合测评报告和反馈信息表的差异

内容		人才发展档案	个人综合测评报告	反馈信息表
基本信息	个人基本情况	√	√	√
	在九宫格中的位置	√	√	
定量评价	绩效	√	√	√
	能力	√	√	√
	潜力	√	√	√
	价值观／品德	√	√	√

（续表）

内容		人才发展档案	个人综合测评报告	反馈信息表
定性评价	关键经历	√		
	性格缺陷	√		
	离职风险	√		
	离职影响	√		
定性评价	内部调动意愿	√		
	综合评价	√	√	√
	能力优势	√	√	
	能力劣势	√	√	
发展建议	任用建议	√	√	√
	培养建议	√	√	

盘点报告中一般包含对盘点对象的评价，这个评价比较重要，因为后面要反馈给盘点对象，让他清楚自己的能力优劣势，从而有针对性地改进提升。有的人写得比较笼统、模糊，没有把行为特征描述出来。例如：

优势：她沟通表达能力较好，专业经历丰富，思路清晰，有带团队的经验。

劣势：学习和创新能力、带团队的技巧和方法还需要加强。日常的人际交往问题不大，但还可以有更好的表现。

我建议采用"在什么情境下表现出什么样的行为"或"如果什么样他会怎么样"来描写行为特征，例如：

优势：专业能力强，工作严谨细致，若因为组织关系等外部原因使工作难以推动，便顺其自然，情绪不会受影响，抗压能力较强。

劣势：属于专业型人才，人际技能有待加强，不具备带大团队和开拓复杂的人际关系的潜力。需要上级在人际关系上多提供支持和指导，未来更多的是以发挥其专业能力为主。

个性：性格内敛，需要特定场景的激发才能放得开，如在自己舒服的环境或探讨专业问题时。

人才发展档案还有一个很好的功能，就是对人才的成长情况进行追踪，它涵盖了人才从进入企业一直到离开企业的过程，包括岗位变动情况、绩效考核结果、人才测评结果、参与的培训项目或课程，以及获得的奖励、荣誉或受到的处罚等信息。为促进出库人才在工作岗位上取得更好的工作业绩，企业应当安排专人负责对人才库中的后备人才进行考核跟踪：一是进行适岗性考察，二是对其能力成长变化情况进行跟踪，并以此为依据持续对人才库进行更新。

此外，人才盘点不是一项一劳永逸的工作，最好每年都要开展一次，可以将每次盘点的结果进行对比，这样就能发现哪些人进步了、他们的哪些能力得到了提升、哪些发展措施是比较有效的等，这对优化人才管理体系非常有帮助。

第 7 章

让组织能力升级

1. 组织必须跟随战略

按照马克思的观点，生产力决定生产关系，生产关系反作用于生产力。而组织就是一种生产关系，因此基于人才盘点结果，需要有针对性地进行组织优化，以支撑组织的业务发展需要，即通过生产关系的优化调整，促进生产力的提升。组织结构调整无非出于两个目的：一是降本，主要是降低人工成本；二是增效，就是提升信息上传下达、横向协同的效率。

在开展组织结构调整时，要先明确组织结构的根本目的，即为企业战略服务。战略决定了企业前进的方向，而如何组织内部资源和能力，准确、高效地实现企业前进的目标，是组织结构调整需要思考的核心命题。也就是说，应根据企业战略目标的要求，强化对战略目标起主要作用的职能部门的管理，对职能界定不清晰、合作不顺畅的部门进行取消、合并和拆分，对新的业务布局进行部门或职能方面的补充。

伴随战略升级，2019 年腾讯公司对自己的组织架构进行了新一轮的优化调整（内部称 930 变革），撤销了三大事业群，新成立了云与智慧产业事业群（CSIG）、平台与内容事业群（PCG）两个事业群，组建了腾讯技术委员会，并升级了广告营销服务线。以前腾讯公司主要的业务集中在面向消费者的领域，面向企业的服务并不是重点，而新成立的云与智慧产业事业群意味着腾讯公司正式将云服务提高到了战略层面，并且正面进军企业服务领域。这是从消费互联网转向产业互联网的一个积极信号。

通常来说，组织结构调整（见图 7-1）分为加减法和重组法，加减法又分为加和减，加减法会使企业规模发生较大变化；重组法分为合与分，重组法不会使企业规模发生大的变化，只是将原有的部门或职能进行合并或拆分。

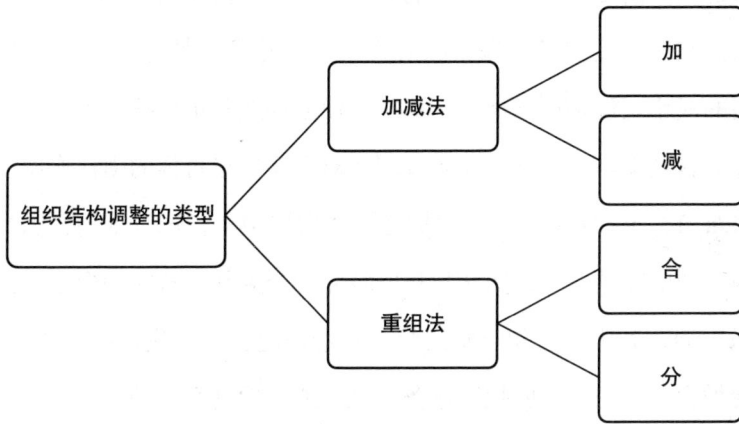

图 7-1　组织结构调整的类型

（1）加：新增一些部门或职能

新增的目的是强化某些业务或职能，以加强对战略的支撑力度。例如，2018 年小米进行组织结构调整，增加了两个新的部门，分别是集团组织部和集团参谋部：组织部主要负责公司的中高层干部的聘用、升迁、培训和考核激励，包括各个部门的组织结构设计和编制审批；参谋部协助 CEO 制定公司的发展战略，并监督各个业务部门的战略执行。小米这次的组织架构调整更加倾向于管理的扁平化，公司总部的职能被大大强化。

2021 年 4 月，腾讯公司再次启动战略升级，提出"可持续社会价值创新"战略，并宣布将为此首期投入 500 亿元，设立"可持续社会价值事业部"，推动战略落地，从"扎根消费互联网，拥抱产业互联网"到"推动可持续社会价值创新"。

（2）减：裁撤一些部门或职能

前段时间海底捞大量关店，字节跳动在教育、游戏、本地生活、房产业务上均被曝出裁员，都属于这种类型。

裁撤的主要出发点是看所开展的业务是否符合公司的战略目标。例如，如果公司的战略定位是追求利润，而某些业务不赚钱，那么就必须要将其裁掉；如果公司的战略定位是追求规模，那么即使某些业务不赚钱，也依然要运作下去。裁掉的目的就是减少某些业务或职能对企业战略目标的损耗作用。

2021年12月，字节跳动正式撤销人才发展中心，这么做的原因是发现现有团队与公司的需求脱节，团队累积的技能和经验在一段时间内也不太符合公司的需求方向，其中有一句点睛之笔：对着职能去肥增瘦，可能才更加有效。职能后台做大了，必然"骚扰"业务，裁掉或缩编是必需的。

职能后台瘦身就一定合理吗？其实也不尽然，这种瘦身可能让职能部门变得更加弱小，只能用更加"一刀切"的方式来应对业务需求，反而会限制业务增长。

（3）合：合并相同职能，集中权力

这也就是我们常说的合并同类项，即将原来属于同一类别却分散在不同部门的职能合并起来，归到一个部门或事业部，甚至事业群或子集团之下，使这项工作由一个部门进行集约化管理，从而减少各自为政、工作缺少系统性和规划性的情况发生。

近年来流行的业务中台，就是典型的合并同类项的做法，即从业务部门中抽取共用件，组建或做强业务中台部门，俗称"建中台"。当前台业务发展比较稳定之后，企业通过"建中台"来收权是必然的，这既是为了管理的规范性，也是为了管理的经济性。

例如，某公司通过组织诊断发现，品牌管理职能比较分散，在总部营销中心有一个品牌管理部，在电商事业部也有一个品牌部，客服中心也设有品牌设计的岗位，而且相互独立没有统一的规划和管理，导致线上和门店的风格不协调。因此，公司在集团总部层面组建新的品牌管理部，将营销中心、电商事业部、客服中心的品牌管理职能全部归到新组建的品牌管理部统一管理。

再比如，原来不同业务部门都要单独配销售部门，但业务稳定后，发现面对的客群都是同一个，销售力量可以整合为一个团队，面对统一客群销售全系产品，此时就需要设置销售中台。这一方面可以使品牌策略和流程统一，规范性得到提升；另一方面，人员变少了，经济性得到提升。

（4）分：将职能打散，将权力分化

天下大势，分久必合，合久必分。分散意味着分权，分权意味着更大的灵活性。例如，2018 年华为将人力资源部具体管人的权限拿出来，建立了一个总干部部。任正非指出，华为现在的人力资源过于权力中心化，容易"指鹿为马"，未来华为的人资体系包括人力资源体系和干部部体系两个系统。政策制定的权力在董事会，人力资源部管规则与监督，干部部管人。干部部的成立看起来是增设新部门，实质上是对原有人力资源体系的分权。

近年来，阿里、腾讯、百度、小米、碧桂园、万科等企业都在频繁调整组织结构，这背后有一个共同的原因是外部环境处于不断的变化之中。但是许多企业仍然采用传统的金字塔式的组织结构，等级森严，往往会拖延决策速度，影响执行效果。僵化的组织结构，就如同侏罗纪的恐龙一样，当外部大环境发生剧变时，它就无法适应时代的变化，逐步走向灭亡。

德勤的一项调查表明，94% 参加调研的企业认为"灵活性和协作"是组织成功的关键，只有 6% 的企业称它们现在"非常灵活"，19% 的企业称自己"不灵活"。与此不同的是，领先企业正在向更加灵活、以团队为中心的模式发展。

同时，个体价值崛起的时代，传统的权力形式正在弱化，管理者定位发生了转变，管理者要营造氛围、搭建平台，让员工发挥主动性，以实现组织的使命，满足个人的成长。

科层制组织终将走向崩溃，组织将变得更加敏捷，以客户为中心，实现更好的互联与协同。未来组织将呈现"千企千面"的形态，网络组织、平台型组织、圈层组织、青色组织正在兴起，这些组织都属于去中心化的组织。

去中心化不是没有中心，而是将一个中心变成多个中心，即以一线作战单元为中心（实质上就是以客户为中心），将决策重心下移，将资源、决策权力向一线倾斜，让听得见炮声的人呼唤炮火。就好比唐僧师徒遇到了妖怪，孙悟空到哪里都能调动各路神仙来帮忙。这方面的例子还有华为的铁三角项目型组织（由客户经理、解决方案专家、交付专家组成），以及海尔具有"自主决策、分配资金、自主用人"权力的"小微"公司。

2021年12月，阿里巴巴宣布设立"中国数字商业"和"海外数字商业"两大板块。以"中国数字商业"为例，其整合了大淘宝（包括淘宝、天猫、阿里妈妈）、B2C零售事业群、淘菜菜、淘特和1688等业务，显然是为了协同各模块优势资源，针对用户群提供一体化解决方案。这一招，看似是合，实质上是分。分的是什么呢？就是将业务中台部门的部分职能下放至前台部门，精简中台架构，俗称"拆中台"。在2015年的"中台战略"之后，"多元化治理"成为阿里巴巴全新的组织战略，其初衷是"为了在各个业务领域用更清晰的战略蓝图、更敏捷的组织面向未来，真正创造长期价值"。

当前台业务发展处于探索期时，企业通过"拆中台"来分权是必然的。这是为了保持企业的灵活性，也是为了提升客户的体验感。当然，"拆中台"虽然提升了组织灵活性与用户体验感，但有可能会造成前台部门的失控，导致人力成本的上升。

总而言之，一个企业如果在某阶段频繁调整组织结构，要么是即将面临新的腾飞机遇，要么是面临难以突破的桎梏。无论采用什么样的组织结构，企业都要根据当前的内外部环境以及业务发展战略的改变而适时调整。

2. 让有为的人有位

杰克·韦尔奇说："你可以制定出全世界最棒的经营战略，但是没有合适的人才，一切都是空谈。"马云曾说过："如果你觉得你的战略需要调整，你要先问问自己这三件事情有没有调整：第一，人调整了没有；第二，组织调整了没有；第三，KPI 调整了没有。我发现很多企业每年都在讲自己有新战略，但是从来不换人、不调整组织、不调整 KPI，这样就等于没换。把这些事情做好了，也许你就能渡过难关。"

调整组织结构时，一定要看有没有合适的人去承担相应的职能。如果组织结构调整了，职责定位、干部配置和考核指标也必须同时进行调整，以保证责权利相一致。如果没有人才准备度，组织结构的调整就会很难成功。这也是越来越多的企业"因人设岗"的原因。帮助识别和判断是否有合适的人来匹配组织结构的调整，是人才盘点工作的重要内容。

很多企业在用人上存在"用人唯熟"的误区，它比"用人唯亲"更隐蔽也更危险。很多情况下，我们愿意聘用让我们觉得舒服和熟悉的人，而不是寻求能力与互补性的最佳组合。熟悉感可以增强团队的稳定性，但是熟悉感也会让我们变得如同井底之蛙，在需要改变的时候这是非常危险的。

2017 年，迈克尔·曼金斯在《哈佛商业评论》上发表的一篇文章中提到：顶尖人才的数量比例在一流公司与其他公司并没有太大差异，差别在于用人的方法。一流公司刻意实行不平等主义，刻意不平均分配，将顶尖人才安排在那些对公司绩效产生重要影响的位置上。

　　拉里·博西迪、拉姆·查兰指出，将合适的人安排到合适的岗位上是任何一个企业领袖不应委托他人进行的工作。费洛迪认为，正如你不会把选择配偶的事托付给他人一样，你也不愿意将重大的人才决策托付给别人。

　　研究表明，一位明星员工所能创造的生产力是普通员工的20多倍。因此，对处于1号宫格的员工，建议采取的方针就是"捧"（见图7-2）：委以重任、扩大职责范围，提供更多的锻炼机会，找到合适的时机给予晋升；在物质上提升待遇，在精神上予以表彰，并且将他们树立为标杆；在培养资源上给予倾斜，否则他们由于面对的外部诱惑比较多，很容易主动跳槽或被挖"脚"。总结起来就是一点：让有为的人有位。

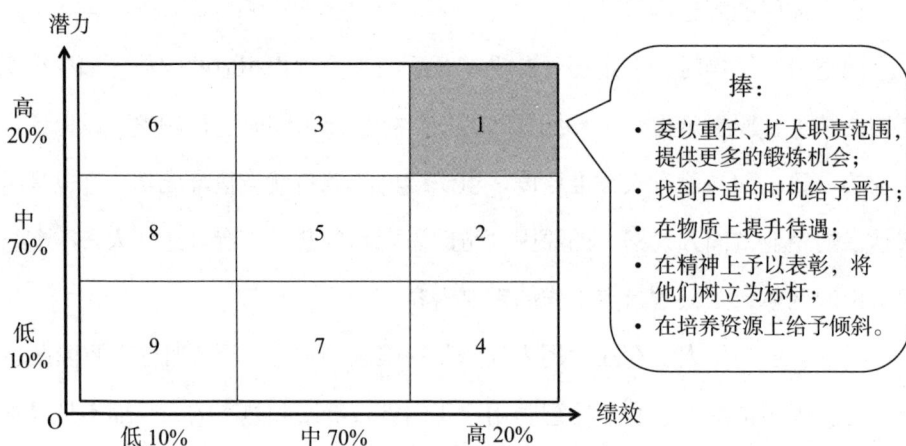

图 7-2　对 1 号宫格员工的管理措施

　　费洛迪指出，对小型企业来说，人才决策的重要性会更强。在大型企业中，一两个高管职位选错人问题不大，不会影响企业生存，因为他们的机制很成熟；而在一家规模很小的创新型企业中，只要有一个关键岗位选错人就可能导致整个企业失败，而且这个关键岗位不一定是CEO。

因此,在"捧"的这些措施中,最需要引起高度重视的是晋升。晋升是一件非常严肃的事情,一定要有科学规范的流程,保持整个过程客观公正,让员工心服口服;不要揠苗助长,避免提拔超级业务员来担任管理者,而要提拔真正有能力的人到正确的位置上。在 1 号宫格的众多人选中,企业要把晋升机会留给以下几类人员,如表 7-1 所示。

表 7-1　优先给予晋升机会的员工

类型	优先晋升的员工	说明
结果产出	绩效表现持续优秀的员工	持续优秀说明是能力在起作用
	为企业培养和输送较多人才的管理者	培养人才是管理者的首要责任
	为企业搭建了业务或管理体系的员工	有体系,企业才能持续成功
关键经历	有多次跨部门轮岗锻炼经历的员工	有轮岗经历的员工一般会换位思考并具有协作精神
	有在分 / 子公司工作经历或在艰苦地区工作经历的员工	具有业务导向思维

一位管理者如果不能培养出优秀的接班人,就没有资格获得晋升,同时企业就会出现人才青黄不接的现象。京东创始人刘强东要求,员工想升职就必须亲自培养出一个可以接替自己职位的人。马化腾提出同样的观点:"每个中层干部都一定要培养副手,这是硬性的'备份机制'。你一定要培养,否则我认为你有问题。忍你半年可以,但半年后你还是这样,那我就帮你配了,你不答应也得答应。"

3. 请不合适的人离开

费洛迪说:"不合适的人在错误的职业道路上走得越久,他们就越有可能对组织造成实质性的损害。"因此,淘汰不合适的人员是企业优化资源配置、提高产出的正常举措。

有人认为，企业主动淘汰人太残酷了。其实，面对不合适的人却无原则地包容是好心办坏事，这才是对他的不负责任，是对他最大的伤害。让一个人待在一个他不能成长和进步的环境里才是真正的残酷。平时对他不提标准和要求，直到最后难以承担保留他的成本时才告诉他"你走吧"，这时他已经错过最佳成长和改变的机会。

那些具有竞争力的企业都在坚持淘汰不合适的人、引进合适的人，以保持组织的活力。杰克·韦尔奇主政通用电气后，在 5 年的时间里裁掉了 1/4 的员工，总数达 11.8 万人（包括出售企业的 3.7 万人），这样的举措使得通用电气保持着持续发展的状况。华为一直在持续优化人才配置，他们认为火车头的速度决定了整个人才列车的速度，所以要给火车头加满油。

布拉德福德博士在《顶级评级法速查手册》中指出，只要将 B 类（胜任）和 C 类（不合格）员工换成 A 类（优秀）员工，就能够避免上百万美元的损失。对于管理者来说，这种影响会更大。一个人在一个岗位上能否取得最佳成绩，对他影响最大的往往是他的直接上司，这就叫"经理效应"。同一个部门、同样一批员工，换一个领导，所做出的成绩可能完全不一样。

管理学中有个"帕金森定律"：一个不称职的领导为了保住自己的地位，会让两个平庸的助手分担自己的工作。两个助手既然无能，他们就上行下效，再为自己找两个更加无能的助手。如此类推，就形成了一个机构臃肿、人浮于事、相互扯皮、效率低下的官僚体系。无能的经理人不仅会把自己的工作处理得很糟糕，还会对周围人的表现产生负面影响，要么是导致优秀的员工离开，要么是带着员工一起平庸，最终使组织进入"集体平庸化"和"集体无意识化"。杰弗里·菲弗和罗伯特·萨顿在《基于证据的管理》一书中指出，任何组织中的 60% ~ 75% 的雇员都会认为工作中最有压力的方面来自他们的顶头上司。

物以类聚，人以群分。能力强的领导者，本身对优秀人才就是一种吸引力，如果他懂得欣赏员工的优点，给机会给平台，让员工越来越优秀，整个团队就会越来越强大。

因此，对人才盘点中位于 9 号宫格的员工，建议采取的方针是"杀"（见图 7-3），因为它对整个团队起到的是负面作用，必须及时发现、及时清理，要么辞退，要么降级使用。与此同时，对于 8 号宫格的员工也要采取一些警告措施，要求其改善绩效。

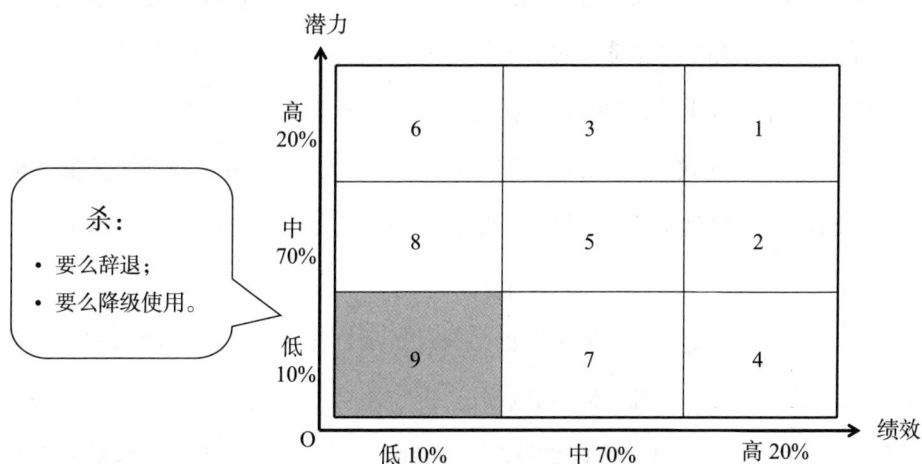

图 7-3　对 9 号宫格员工的管理措施

然而，许多企业对这几类人的处理往往犹豫不决、拿不定主意，导致问题越来越严重。麦肯锡研究表明，有超过 90% 的 CEO 称他们的企业无法将最差的员工迅速剔除出去。为此，我建议借鉴阿里巴巴对人才的分类管理模式，阿里巴巴的方针是：消灭"野狗"（绩效高、价值观低），清理"老白兔"（绩效低、价值高）。

对于"野狗"型员工，阿里巴巴认为，若不能迅速提高其价值观认同度，使其成为"明星"，那么他们就会呈现出强大的反作用，在其业绩数据的掩盖下，给团队带来负能量，长期下去整个团队的价值观都会被削弱甚至走向反面。阿里巴巴对"野狗"型员工采取零容忍的原则，只要发现就会从严从重从快公开处理。例如，2016 年"月饼事件"中涉及的 6 名员工就很快被开除了。

阿里巴巴每年开展人才盘点工作时，会特别关注在公司工作很长时间、又没有潜力、很多年不被晋升的人，即"老白兔"。因为组织在快速发展，这部分人在公司越来越多，会影响很多新人对公司的信任。因为坏人有坏人的行为表现，周围的人能察觉，会警惕、提防他。大家有了提防，他就造不成太大危害，或者造成的危害是一时、短暂、一次性的。而"兔子"人缘好，讨大家喜欢，但它不出业绩；"兔子"最爱繁殖，不停地找同类，生出大量的"小白兔"，形成"兔子窝"，霸占着岗位、资源和机会，其他员工甚至明星员工也被其不断同化，使他们对公司价值观产生动摇与失望，从而成为"野狗"型员工。

对"兔子"这类人群，阿里巴巴会通过挑战性任务、培训，增强其个人发展意愿，给予其更多的机会促进其成长，但也不会一味地给予其"无限机会"。因为"小白兔"对公司价值观的认同，说到底只是表面而已，其本质是虚假的：没有业绩贡献。

马云说，招人要慢，开人要快，看一个管理者成不成熟，就要看他有没有开过人。因此，一旦发现不合适的人，管理者就要当机立断，尽快将它淘汰出组织，切忌变成拉锯战。请不合适的人离开的首要责任人是直属领导而不是人力资源部门的相关人员。因为直属领导对手下的员工最熟悉，与他们沟通最频繁，承担着员工的选拔、培养、评估工作，能更准确地把握员工的业绩和价值观。

在淘汰人的过程中要克服私人感情障碍，因为这是理智的决定，对企业、对个人都是最好的选择。同时，也要注意方式方法，不能简单粗暴，避免出现不必要的纠纷和冲突。

（1）建议每位管理者每个月或每个季度花一点时间与下属进行沟通，沟通内容包括工作计划达成情况、能力优劣势、改进措施、个人发展计划等。经过充分的沟通，不合适的员工会感受到组织对他的要求和压力，形成被淘汰的预期，这样当组织最终做出解雇的决定时，对方不会感到过度惊讶，也会减少沟通的难度与成本。

（2）在优化淘汰之前，审慎分析当前绩效不佳的主要原因，再寻找人尽其才妥善安置的路径，如是否有其他更合适的岗位，是否与外部环境、管理风格、团队成熟度有关等。如果一个人在不同岗位上调整几次都做不好，说明该员工确实在能力和风格方面不符合企业的要求，或者是企业内部没有适合他的岗位。

（3）对于绩效较差的员工，直接上级最好与他签订绩效改进计划（Performance Improvement Plan，PIP）。PIP 可以使绩效不佳的人有一个心理预期，从而降低了相应的法律风险。PIP 的关注点应该放在如何让员工改进绩效结果、提升本岗位的产出上。在制订 PIP 时，要让员工认同并自发采取行动，以便最终提升组织绩效。

4. 走之字型发展路线

研究表明，80% 的学习行为发生在做一份工作最初 20% 的时间里，因此提升能力最好的方法就是加速内部人才流动。因为人在一个岗位上工作时间长了，就会进入舒适区，产生职业倦怠，思维固化，创新力下降，专业领域也受到局限，还会形成"山头主义"，慢慢地就有可能滋生腐败现象。

在 IBM，每年约有 1/3 的员工在内部流动；微软规定，凡在本岗位工作达到 18 个月的员工，不需要主管同意就可以直接在内部申请新职位；在阿里巴巴，员工在一个岗位上满三年就会动一动；在华为，一个干部不到三年的时间就要进行岗位调整，华为的高级管理者和一部分综合性专家走的都是"之"字型发展路线。华为认为，只有经过多个业务领域的历练，综合的管理素质才会提升，对业务以及端到端流程的理解才会更深刻。

内部人才流动的意义如图7-4所示。

```
                    ┌──────────┐
                    │ 内部人才  │
                    │ 流动的意义 │
                    └──────────┘
      ┌──────┬──────┼──────┬──────┐
 ┌────────┐┌────────┐┌────────┐┌────────┐┌────────┐
 │促进员工创新││减少腐败现象││加强内部协作││培养复合型人才││留住优秀人才│
 └────────┘└────────┘└────────┘└────────┘└────────┘
```

图7-4 内部人才流动的意义

（1）**促进员工创新**。内部人才流动可以促进不同专业之间的交流融合，可能使员工产生意想不到的创新。

（2）**减少腐败现象**。内部人才流动可以打破原来的势力范围和利益链条，减少腐败现象的发生。

（3）**加强内部协作**。内部人才流动让员工有换位思考的意识，促进部门之间特别是上下游之间的理解与合作。

（4）**培养复合型人才**。内部人才流动能够打破专业壁垒，使人才得到全面锻炼，培养复合型人才。柳传志有一句名言："折腾是检验人才的唯一标准。"他说的这个折腾就是指内部人才流动。为培养他的两个爱将杨元庆和郭为，柳传志每年都会为他们调换一个新岗位，"折腾"了十几年，终于把他们培养成了"全才"。

（5）**留住优秀人才**。如果人才不在组织内部流动，就会流向外部，因此内部人才流动还能留住优秀人才。

拉姆·查兰指出，传统培养模式是当职位出现空缺时，才考虑谁适合担任该职务；而内部人才流动的理念恰好相反，它是以能力发展为导向，考虑的是这位员工适合担任什么样的职务。

最佳的职务调动不一定是升迁，可能是平行调动到一个新的业务领域甚至是调动到级别稍低的职位上。

平行调动的主要目的不是让领导者学习另一个部门的专业知识，或是精通这项业务，而是学习如何把新部门的业务和他原来的专业结合起来，使他更善于从整体上看待业务，学习换位思考。当领导者将从两个部门中学到的知识综合运用起来时，往往能够产生全新的认识和创新的思路。让领导者离开原先的舒适区，有助于提升他们的辨别能力、判断能力。

当然，并非所有的人都需要流动，中高层管理人员更适合横向流动，专业性较强的岗位（如财务、研发等）及基层员工则只适合在本序列内部流动。通常员工在一个岗位上干了三五年就可以调动了。适合轮岗的几类人才如表 7-2 所示。

表 7-2　适合轮岗的几类人才

类型	轮岗目的	具体内容
后备干部	培训后备人才，形成梯队	如果具备条件，最好安排进入各级后备池的干部轮岗，目的是加速后备干部角色转变、提升向上履职能力
现任干部	防止流程僵化、创新停滞、本位主义滋生	同一岗位设最长任职年限，对达到最长任期仍未提未降者安排轮岗。一般中层建议最长为六年，即两个任期；高层建议最长为九年，即三个任期
高风险岗位	核心资源要掌握在组织手里	对较高风险岗位实行定期轮岗，以强化风险控制，主要包括审计、投资、成熟业务、成熟地区市场与客户负责人等岗位

人才内部流动的依据是人才盘点的九宫格。绩效高一般优先晋升，如果没有晋升机会，则向价值更高的职位流动，绩效低则向价值更低的职位移动。而

潜力大则可以向不同职能移动，潜力中则向相似职能流动，潜力小则向相同职能流动。人才内部流动的原则如图 7-5 所示。

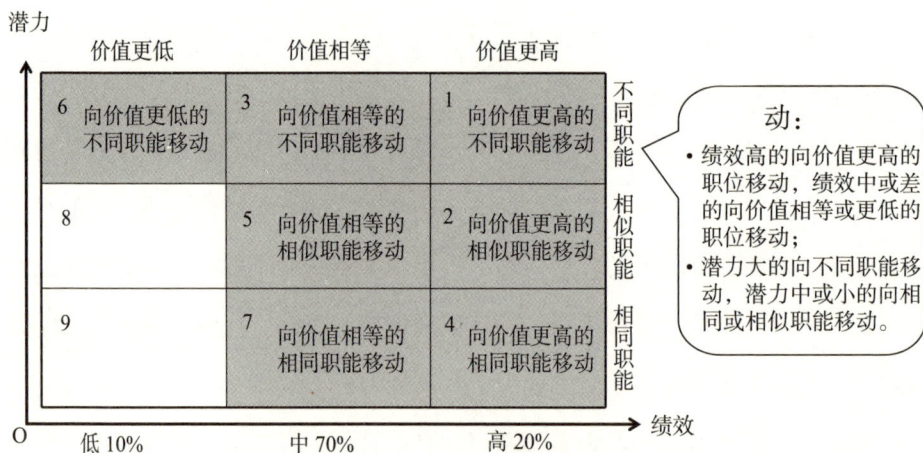

图 7-5　人才内部流动的原则

在图 7-5 中，3 号宫格是向价值相等的不同职能移动，如从人力资源部门的培训经理调整为营销部门的销售经理；4 号宫格是向价值更高的相同职能移动，如从客服部门的 HRBP 调整为研发部门的 HRBP；5 号宫格是向价值相等的相似职能移动，如从会计经理调整为资金经理；6 号宫格是向价值更低的不同职能移动，如从技术部门产品开发人员调整为营销部门的产品销售人员。

如果条件允许，通常情况下，对 1 号宫格的人尽量进行晋升提拔。如果企业内部缺少相应的机会，则可以安排其向价值更高的不同职能移动，将他调整到跨部门甚至跨事业部的不同岗位，这对他来说也是一种锻炼。例如，2021 年 12 月，张勇把蒋凡从淘宝天猫总裁调整为海外数字商业的负责人，这既是一种挑战，也是一个全新的机会。

从培养人、激发组织活力及控制风险的目的出发，轮岗有表 7-3 所示的几种方式方法。

表 7-3　轮岗的方式方法

类型	定义	适用情况
部门内轮岗	同一部门内不同职能模块之间的轮岗	部门内轮岗的管理难度与成本较低，适用于中基层后备干部、风险类岗位人员 中基层后备干部部门内轮岗时间一般为六个月至一年，风险类岗位人员部门内轮岗时间一般为一年
跨部门轮岗	如果是业务单一的企业，跨部门就等于跨专业；如果是业务多元化的企业，跨部门有可能还是同专业	跨部门同专业难度小，跨部门跨专业难度大，但都可以起到激活人才、激活组织的作用
跨体系轮岗	体系就是单一价值链的企业的价值环节，如研产销就是不同体系	跨体系轮岗的管理难度与成本较高，主要适用于中层后备干部、中高层现任干部： （1）研发人员要懂客户需求，所以要去销售岗位轮岗 （2）销售人员要懂产品性能，所以要去生产和开发岗位轮岗 （3）职能人员要懂业务痛点，所以要去业务岗位（研产销等主价值链环节部门）轮岗 （4）专家要懂一线问题，要理论结合实践，所以要去一线岗位轮岗……
跨地域轮岗	无论是国内跨地区，还是国际化经营，区域之间发展不同步，有好有坏，跨区域轮岗的目的是将成熟地区的经营管理经验带到发展中地区，推动不同地区业务均衡发展	老人开新店、新人守老店：安排在发展中区域任职时间长、短期内又晋升难的干部到成熟地区轮岗，可以在激励他的同时给他机会"取经" 成熟地区干部晋升时优先安排到发展中区域任职，职位晋升的同时赋予其挑战性任务、历练其创业能力，顺便还能帮扶开发这些区域的发展潜力
跨法人单位轮岗	集团企业有诸多分公司、子公司时，派人去轮岗也是派人去履行股东权力	既可以输出集团成功管理模式，也可以防止失控与离散风险，增强下属企业的凝聚力。通常采用以老带新，如中层后备干部参与经营管理，以加强历练

我曾服务过某快消企业，在某次人才盘点中，一位原来负责浙江区域的省区经理，带领团队连续几年在全企业的业绩都是名列前茅，企业觉得他很有潜力，就把他调到湖北区任省区经理，但是一两年下来业绩却没什么起色，团队

成员逐渐流失，企业领导不得其解。我们通过盘点了解了真正的原因，原来这位经理是一位守业型的人才，他以前负责的浙江区域，市场比较成熟、客户基础好，但是湖北区域的市场还在培育期，基盘客户仅有浙江的 1/4，而他又缺乏市场开拓的能力，在管理上魄力不足，从而导致业绩不理想。通过盘点会讨论，我们推荐辽宁区域的省区经理来负责湖北区域的业务。因为他是个开拓型的人才，并且他的业绩一直以高于平均值的速度在提升。果然，在不到一年的时间，湖北区域的业绩即得到了较大的改善。

为了让轮岗顺利进行，我们需要注意以下几点。

一是控制总量、精选对象。同一年度内，控制轮岗人员在全员和干部队伍中的比例（一般每年同时轮岗的比例在 20% 以下）。控制总量会倒逼各部门去找那些最需要轮岗的、最能产出价值的人员。

二是轮副不轮正。管理团队的最理想组合状态是价值观一致、能力和专业互补、角色搭配。从保持管理团队的稳定性来看，正职一般不轮岗，除非有接替者。副职轮岗人数一般不超过领导班子的 1/3。

三是做好工作交接。所有轮岗对象，在轮岗之前必须开发完成本岗位工作手册并经上级确认。工作手册应包含职责、流程、关键技能、利益相关者等。轮岗之后原岗位人员对于接替者要有半年甚至更长时间的辅助责任，在他们遇到问题时要帮忙解决。

四是安排一位导师。为每一位轮岗对象安排一位导师，导师最好不是其直接上级，而是同级里面资历较深、比较热情的同事，以便帮助他快速融入新团队。

5. 人才供应链不能掉链子

对于很多企业来说，重要人才特别是高管的辞职是一次重大危机，尤其当企业处于快速发展期或战略转型期时。

许多成功的企业基本上都是行业内的"黄埔军校",就拿眼下炙手可热的互联网行业的人才来说,做内容编辑的基本来自新浪,做游戏的基本来自网易,做网站的基本来自搜狐,做技术的基本来自百度,做产品的基本来自腾讯,做 O2O 的基本来自阿里巴巴,做流程的基本来自华为⋯⋯

但是我们发现,面对大规模的人才离职,这些企业发展的脚步依然没有停止。这是因为他们建立了一套吸引人才、激励人才、培养人才的机制,最重要的是,他们建立了完善的继任计划。当重要人才提出离职时,他们能迅速从人才库中挑选出合适的继任人选来填补这个岗位空缺。例如,2001 年通用电气的家用电器部门总裁拉里·约翰逊向公司提出辞职时,公司当天就宣布了他的继任者,并于同一天宣布了该部门各级人员的相应调动情况。

与之相反,曾经辉煌一时的顺驰和 ofo 这两家公司,表面上是由于资金链断裂而导致衰落的,但实际上他们的衰落是由于人才链断裂引起的。公司迅速扩张,人才青黄不接,公司的主要管理岗位全是娃娃兵,20 多岁就是副总裁、总经理,假公济私、贪污、低效率、抢资源、山头主义、质量问题等内部腐败现象突出。

也就是说,成功企业与失败企业的差别不在于有没有员工离职,而在于有没有建立继任计划。没有制订继任计划的企业面对员工辞职时会惊慌失措,继而变成一次危机事件;而制订了继任计划的企业,则能够将辞职风波有效化解,转危为安,变成一件皆大欢喜的事。

2016 年 3 月 2 日,刚刚履新万科北京区域首席执行官的毛大庆向万科总裁郁亮提出了离职。当晚,郁亮飞去德国出差。之后,毛大庆正式提交辞职申请。3 月 7 日,郁亮飞抵北京与毛大庆见面,并任命刚刚接任毛大庆的北京万科总经理刘肖同时担任万科北京区域首席执行官的职务。除刘肖外,包括现任深圳公司总经理周彤、上海公司总经理孙嘉、万科香港管理部总经理阚东武和万科建筑研究中心总经理王蕴都获得了提拔。3月8日晚，万科通知媒体第二天上午召开媒体沟通会，毛大庆也在个人微信、微博上发布了自己辞职的消息和心路历程。

毛大庆是地产界的明星，平时行事比较高调，他的离职肯定会对万科造成一定的影响，但是万科的整个处理过程有如快刀斩乱麻，轻松地化解了这次危机，一人离职共有五人获得升迁，将它转化为一件皆大欢喜的事情。这是因为万科有人才储备计划，这些被提拔的高管早就在继任名单里。

当关键岗位出现空缺时，如何避免遇到"人到用时方恨少"的困境？最好的方法就是根据人才盘点的结果，提前制订企业的继任计划，帮助企业了解未来继任人选的能力水平和准备度情况，保障人才供给的不断层，并缩短填补职位空缺的周期。大多数500强企业都为关键岗位建立了有效的继任计划，如施乐、IBM、AT&T、通用电气、可口可乐、通用汽车、华为、阿里巴巴、平安等。继任计划在企业的人才管理工作中扮演了重要的角色，为企业源源不断地输送人才，助力企业在人才竞争中取得优势。

一套有效的继任计划可以为企业带来图7-6所示的收益。

图7-6　继任计划带来的收益

如果一家企业的CEO没有做好继任计划，那么这家企业在战略思维上的弱点就会暴露无遗。如果等有了职位空缺才考虑该提升谁，结果只会让企业面临危机，因为一人离职并非找到一名继任者就万事大吉，还将有无数个坑要填。精明的领导者应该有计划地拟订一个继任计划，以确保有一批训练有素、经验丰富的优秀人才能及时补充到重要岗位上，使人才培养的速度大于人才流失的速度。只有这样才能更好地为企业的重要人才订立更高的目标，把他们留住，确保重要岗位都有称职的人可以接替。

在挑选继任人选时，可以基于人才盘点九宫格的分布（见图 7-7）。排在 1 号宫格的员工，可以作为上一级职位的优选继任人选，只要有机会即可获得晋升；排在 2 号宫格的员工，1 ~ 2 年内可以成为上一级职位的继任人选；排在 3 号宫格的员工，在 2 ~ 3 年内可以成为上一级职位的继任人选。

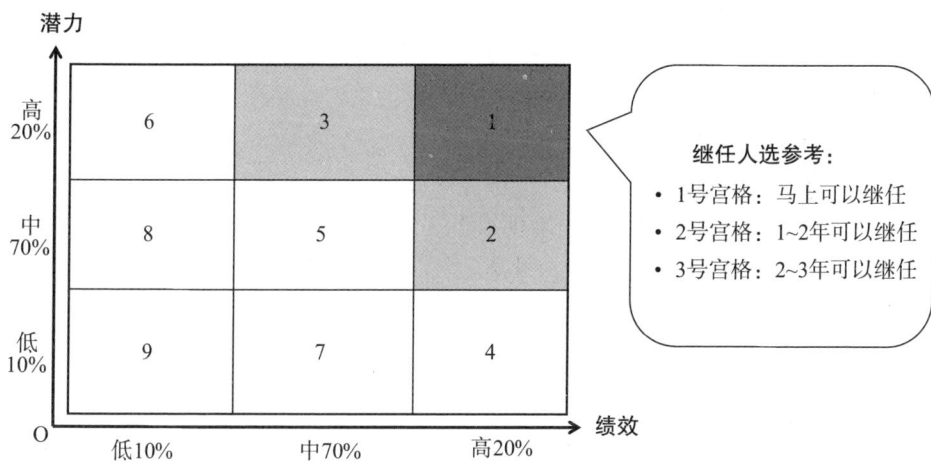

图 7-7   继任人选挑选参考

许多企业对于关键岗位的继任人选仍倾向于保密，有些高管担心公开信息会导致"溢价回购"和"太子现象"。"溢价回购"的意思是由于继任人选提前曝光，引来其他企业花高价挖"脚"，导致企业不得不出更高的薪水把人留下；"太子现象"是指预定的接班人因为自以为晋升已经水到渠成，就开始懈怠，以致绩效一落千丈。在许多大企业中,很早前就被认为是接班人选的高管,其结局大多不是很好,这方面的例子非常多,在此不再赘述。

为避免这两个问题的发生,许多企业设立了人才池,以降低继任计划的敏感性,因为继任计划是针对某个岗位的,而人才池则没有明确的继任目标。人才池的来源仍然是九宫格的 1 号、2 号、3 号宫格,其中 1 号宫格为第一梯队,2 号宫格为第二梯队,3 号宫格为第三梯队。

人才池最大的价值体现在让人才加速发展,降低揠苗助长的风险。一些发展比较缓慢的企业多年没有大的变化,人才按照自然成熟的周期慢慢成长,在职位空缺自然出现的时候实现替补,并不需要刻意创造机会。但在一些快速扩张的企业,只依靠自然成长,人才显然会供不应求。

人才池的另一个重要价值是打造一个系统,当组织出现重要职位空缺时,内部有一批经过专业训练、具备资格的员工可以随时出任空缺职位。因此,人才池一定要与企业战略和业务规划紧密相连。

人才池计划不仅仅是简单的培养发展:在前期选拔时就有明确的标准和严格的流程,中期培养的过程中也有明确的考核标准和结果反馈,后期出池也应与绩效考核和晋升挂钩,以达到在短期内快速培养并为组织供应关键人才的目的。因此,在设计这些项目时,必须有公平公正的选拔流程,在培养过程中有考核并对不合格者予以淘汰,在培养结束后可以越级晋升,另外在执行过程中能够获得高层和业务部门的支持。这其中的任何一个环节出现问题,都有可能导致项目流产。

6. 持续补充新鲜血液

通过人才盘点发现人才数量的差距后,我们可以通过两个途径来解决:一是内部培养，二是外部招聘。一般情况下，应当优先考虑内部人选，如果内部人才质量无法满足要求时，再通过外部招聘来解决。采取内部培养时，要制订人才培养计划，外部招聘也同样需要制订招聘计划。通常外部招聘需求来自以下几个方面。

（1）人员流失带来的人员缺口。

（2）内部人员晋升或转岗带来的岗位空缺。

（3）为有离职倾向的人员储备后备人选。

（4）新增岗位编制而产生的招聘需求。

基于此，招聘需求的计算公式如下。

招聘需求 = 人才需求规划 − 岗位现有人数 − 内部人才供给数量 + 预计离职人数

人才需求规划即该岗位未来所需人数，它来自业务发展规划；岗位现有人数是指该岗位目前在岗的人数；内部人才供给数量是指未来一定时间内通过内部晋升或平调到该岗位的人数；离职人数即该岗位未来一定时间内预计会离职的人数。例如，某企业基于业务发展需要，明年需要 80 位销售总监，目前在岗的销售总监为 60 人，明年内部可晋升和平调到销售总监岗位的为 5 人，明年预计会离职的销售总监为 7 人，那么该企业明年销售总监的招聘需求为 22（80 − 60 − 5 + 7）人。

明确了招聘需求之后，还要思考招聘策略。根据岗位需求不同，招聘的策略也应当有所差异，具体如表 7-4 所示。

表 7-4　不同类型岗位的招聘策略

岗位类别	招聘要求	招聘策略
普通操作岗位	要求快速到岗，注重工作技能与经验	• 通过内部推荐、招聘网站招聘 • 外部合作渠道（如 ERP）是重要的招聘渠道

（续表）

岗位类别	招聘要求	招聘策略
其他普通岗位	及时补充，即招即用，能力满足岗位需求即可	• 通过内部推荐、招聘网站招聘 • 如果市场上人才比较充足，可以不用提前招聘或储备，即招即用
中高层与核心岗位	招聘比现有人员更优秀的人才	• 通过猎头、针对性地聘请等方式引进
基层	提前进行人才储备，注重发展潜力	• 通过校园招聘引进 • 通过社会招聘，主要对象是工作满三年的高潜力人员

关键岗位的紧急招聘无疑是招聘工作的重点。为了在最短的时间内满足企业的需求，可采用招聘资源最大化倾斜的方式不惜成本地去招聘，要以高于市场水平的薪酬选择市场上前 20% 的人。但是此类招聘需求也不能太多，否则会使企业处于被动的发展境地，从而带来一系列管理问题。因为紧急性招聘往往过度强调招聘速度，关注人员到岗的及时率而降低用人标准、简化招聘流程、开展密集且不严谨的面试等，容易导致招聘到不合适的人选。如果此类紧急招聘需求过多，那么则说明企业内部的人才管理方式急需优化。

为避免"人到用时方恨少"的情况出现，我们需要开展预见性招聘，就是提前招聘有潜力的年轻人，进行系统的内部培养，最大限度地缩短人才成长的周期，从而满足业务发展对人才的需求。如果等到岗位空缺时再去招聘，可能一时难以获得这些优秀人才。岗位越重要，空缺的时间往往越长，给企业带来的损失也越大。企业如果在平时就做好了人才规划和储备，就能做到有备无患，降低岗位空缺带来的损失。

与此同时，还需要开展持续招聘。也就是不论岗位上是否有人在职，都要持续不断地对候选人进行面试和储备。持续招聘使人才招聘的时间更充裕，企业有充足的精力更精准地评估这些候选人，从而使用人决策的准确性更高、用工风险更低。

　　需要注意的是，从外部招聘来的人才质量要根据企业的战略定位来决定。如果企业的战略定位是行业引领者或赶超者，那么在核心岗位上一定要招聘行业里面最优秀、最顶尖的人才；如果企业的战略定位是追随者，那么企业不一定要招聘最优秀的人才，也许处于 75 分位甚至 50 分位的人才也能满足要求；如果企业目前的规模非常小，在行业中排名还非常落后，就要根据自己的战略需求、支付能力和消化能力来招聘人才。谁都想招优秀的人才，可是优秀人才一定会很贵，你得有足够的支付能力才行，同时还要有消化能力，有时候招了优秀的人才，内部用不好也留不住，对企业来说也是一种伤害。但是有一点是通用的，如果企业要持续发展，就一定要招聘比现有人员更优秀的人才。

　　此外，招人与减人分别属于企业人才供应链中的人才进出口，这两者之间不是孤立的，而是相互影响、相互约束的。就好比血液在人体中流动一样，在动态的管理中这两者是一个循环，通过对两端的灵活调整，可以激活内部人才，使得人员动态地满足企业发展需求。招聘能力强可以保证企业在淘汰人的时候更加从容，但这并不意味着一定要等招到人之后再进行减人。减人是根据人才需求规划和人才盘点结果做出的慎重决定，是为了支撑企业战略实现的必要举措，同时也是为合适的人进来扫除障碍。

　　总的来说，对于关键岗位的人才招聘，不要做"猎人"，而要做"农夫"。不要等到缺中层就招中层、缺高层就招高层，而要学会种树，让树长出成熟的果子，从而满足企业对人才的持续需求。

第 8 章

使人才资产增值

1. 最重要的是培养谁

对于企业来说，人才培养就是一笔投资，当然其有权利要求获得回报。只有培养能够显著提升绩效，老板和业务部门才乐于在这方面投入资源和时间，否则就没必要进行人才培养了。而实际上，很多企业的人才培养效果不尽如人意。要改变这种现状，就需要从以下两个方面着手开展工作。

一是培养值得培养的人。拉姆·查兰认为，培养人才最大的误区就是培养资源过度分散，而不是聚焦到少部分真正有潜质的培养对象上。那些对培养下属完全没有意识也完全没有兴趣的人，是不应当走上领导岗位的。通常认为，高潜人才的培养速度要高于普通人才 2～3 倍以上，很多企业培养了那些不应该被培养的员工，造成了资源的极大浪费。正因如此，华为人才发展的原则是选拔制而不是培养制。因此，人才培养的成功要素，首先在于选人，即如何尽早地识别具有高潜质的人才。

稻盛和夫把人分成三种类型：自燃型、可燃型和不燃型。借鉴这个理论，我根据潜力与绩效把人分成四种类型（见图 8-1）：自燃型的人绩效好、潜力高，自驱力非常强，不需要别人也可以发光发热；易燃型的人虽然绩效不好，但潜力不错，只要稍加培养就可以燃烧起来；可燃型的人业绩不错但潜力一般，需要别人来引燃；不燃型的人绩效与潜力都不好，别人再怎么影响他也无法燃烧。

图 8-1 培养难易程度不同的四种类型人才

通过人才盘点，其实我们很容易把这四类人区分开来。在培养项目中，我们要重点关注自燃型的人员和易燃型的人员，对于可燃型的人员可以不用过多关注，而对于不燃型的人员则可以放弃。特别是一些学习资源有限的培训项目，通过人才盘点，把那些不燃型的人淘汰掉，不让他们进入培训班。要允许一部分人先学习，让先学习的人带动后学习的人，最终实现共同学习和成长。

二是培训值得培训的项目。心理学家马斯洛说："如果你手里有一把锤子，那么所有东西看上去都像钉子。"很多企业经常在滥用或误用培训，从而会导致时间、金钱和人力的浪费，事实上很多培训是可做可不做的。培训项目主要通过提升个人能力来改善组织绩效，因此只有当缺少技巧或知识是导致实际绩效和预期绩效差距的根源时，培训才是正确合理并且可能有效的解决方案。如果症结不在于缺少技巧，那么就不用考虑培训了。

通过人才盘点，我们能够发现团队的共性短板，然后针对这些短板来设计培训项目。在借鉴波士顿矩阵的基础上，我将培训项目按战略重要性（事）和岗位重要性（岗）分为四种类型（见图8-2）。对于企业来说，要把投资的重点放在明星型培训项目上，淘汰那些低价值、低效的培训项目。

图8-2　四种类型的培训项目

瘦狗型培训项目的效果非常有限，只会浪费企业的资源和精力，应该马上叫停；问题型培训项目是指尚未发挥完整潜力的培训项目，如果有潜力成为明星培训项目或现金牛培训项目，就着手解决问题，否则就应该叫停。

现金牛型培训项目具有较高的效率，它们并不夺人眼球，但却影响着企业的整体效率，如安全培训、入职培训及规范培训。和处理现金牛型产品或业务的办法一样，企业对这类项目既不能放任不管，也不能过分关注。

明星型培训项目是指具有关键战略价值、围绕业务发展而开展的培训项目，如领导力提升、新产品上市、新市场渗透等。这些培训项目要配上顶尖的师资、创意和投资。

例如，某航空公司在进行人才盘点后发现，中层管理人员的战略导向、团队激励这两项能力偏弱，为此设计了混合式的培养项目，通过行动学习工作坊的方式开展管理课题，在此过程中嵌入战略与团队管理的课程，并与研讨会、读书会、内部导师辅导、跨界参访等多种培训形式相结合。

需要注意的是，很多企业培训的负责人、管理者将大部分精力放在培养明星人才身上，倾斜了比较多的资源给他们。这使得很多排在 5 号宫格的中间员工成为被组织忽视和遗忘的员工（见图 8-3），同时使得他们越来越追求稳定与安全，容易"躺平"。对于这些人来说，与其说没有发展意愿，不如说没有发展信心，没有明确的发展方向。

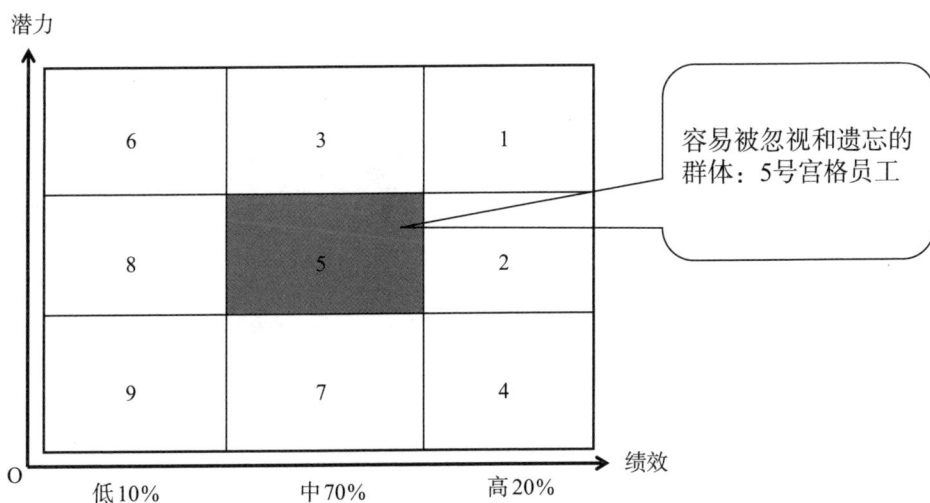

潜力

6	3	1
8	**5**	2
9	7	4

容易被忽视和遗忘的群体：5号宫格员工

O　　低10%　　中70%　　高20%　　绩效

图 8-3　5 号宫格员工是容易被忽视和遗忘的群体

因此，对于被忽视的大多数人来说，培训负责人和管理者应该有效地匹配资源，让他们感受到被重视，以有效激发他们的工作主动性。例如，在给1 号、2 号、3 号宫格的员工提供培训的同时，其他宫格的人员也可以参加，反正加张凳子听课，就好比加双筷子吃饭一样，不会增加多少成本。除此之外，作为他们的直接上级，一方面要持续给他们的业绩目标加码，给他们施加一定的压力；另一方面要给予他们关注和辅导，帮助他们提升能力和改善绩效，这样他们当中的一部分人员有希望发展成为明星员工。

2. 自我认知是自我发展的起点

自我发展需要思考三个问题（见图 8-4）：我在哪里？我要去哪里？我怎么去？这三个问题的核心是"我在哪里"，即自我认知是自我发展的起点。

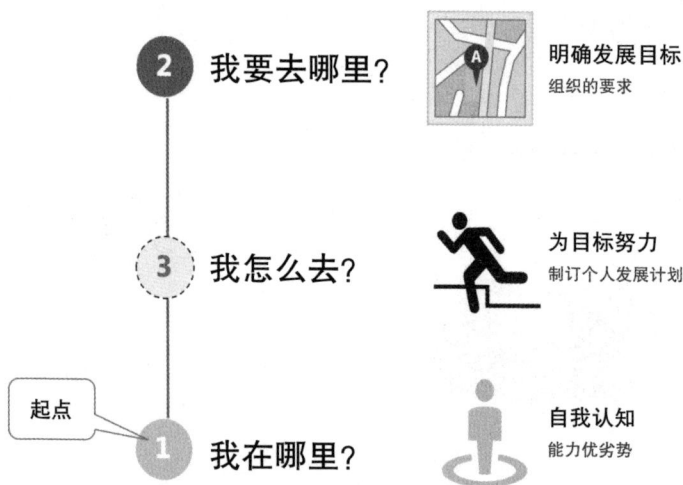

2 我要去哪里？　明确发展目标　组织的要求

3 我怎么去？　为目标努力　制订个人发展计划

起点　**1 我在哪里？**　自我认知　能力优劣势

图 8-4　自我认知是自我发展的起点

对于每一个人来说，自我认知都是非常难的一件事情，这是因为人们对自己的了解存在一个"黑洞"。美国心理学家乔瑟夫·勒夫和哈里·英格拉姆在 20 世纪 50 年代提出了"乔哈里视窗"，它把人的内心世界比作一个窗口，窗口根据"我知—我不知"和"他知—他不知"这两个维度划分为四个区域：公开区、盲区、隐藏区和未知区，具体如图 8-5 所示。

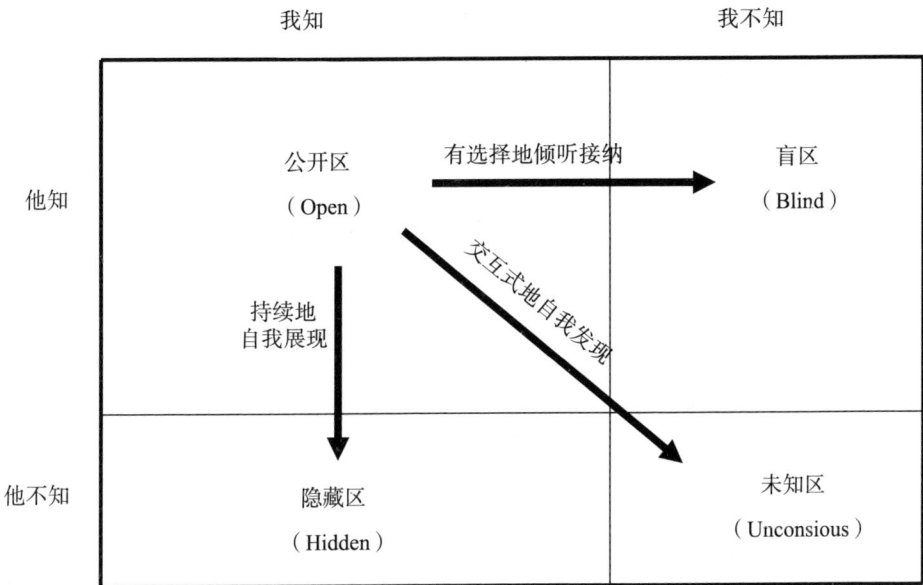

图 8-5 "乔哈里视窗"的开发方向

20 多年前，宾夕法尼亚大学的两位研究生劳伦·阿洛伊和林恩·艾布拉姆森进行了一项开创性实验，实验表明情绪受挫的人往往可以准确评估自己的能力，而情绪状态良好的人反而会过高地评估自己的实际能力。

未知区就是自我认知的"黑洞"。这一区域既代表人们未知的部分，也指向人们的潜能。自我发展的努力方向是扩大公开区，缩小盲区、隐藏区和未知区，这是一个不断认清自我、展示自我、挖掘潜能的过程。研究发现，那些自我认知清晰的人，其能力提升的速度比自我认知不清晰的人快 5 ~ 10 倍。

在这里，有如下两个事项需要注意。

一是明星员工的反馈很重要。人们往往认为，明星员工已经是佼佼者，对自己的工作内容有足够的掌控力，作为管理者不应该对他们的工作内容做过多的干涉，让他们自主解决问题就好。但事实恰恰相反，明星员工因为能力和绩效都比较突出，往往在组织中被赋予了足够多的责任，承担了更复杂的任务，他们反而更需要辅导和反馈。

二是中高层的反馈也很重要。对于企业的中高层管理者来说，他们由于身处高位，很难听到下级和同事的反馈及建议，所以更加不容易了解自身的问题。而对盘点结果的反馈，可以增强他们的自我认知。

因此，要帮助员工更好地实现自我发展，可以及时将盘点结果反馈给盘点对象。盘点结果反馈的形式有两种：一种是一对一反馈，另一种是集体反馈。一对一反馈效果更好，可以有针对性地与盘点对象互动，针对盘点结果答疑解惑，也可以有针对性地提出一些发展建议，但是需要花费较多的时间。如果盘点对象人数众多，则可以采用集体反馈，即采用培训的方式统一告知大家如何看待自己的盘点结果（核心是测评报告）。

进行盘点结果反馈需要注意方式方法。一些企业采用非建设性反馈，以批评、指责下属的缺点为主，甚至评论其人品，这样的反馈会适得其反，带来负面效果。在反馈过程中，应当采取建设性反馈。建设性反馈是指当被指导者的行为没有达到预期的结果时，应具体指出问题所在，并提示改善方向，即可以帮助其树立行动计划的反馈。

建设性反馈的目的是保证被指导者的成长和发展。建设性反馈不同于指责，它要找出对方成长及发展的办法，将注意力集中在任务、过程方面而不是个人品质上。建设性反馈明确但不会带来挫折感，客观但不无情，能给予教训但不死板，这才是最理想的状态。

在做建设性反馈时要注意以下细节：一是在提供建设性反馈时，不要提出过多的建议，一次最好只解决一个问题，问题过多时，会使对方不堪重负，带来负面影响；二是选择适当的时间，尽量避开团队成员忙于工作、心情沮丧或准备下班的时候；三是私下提出建设性意见时，最好是面对面地传达这些意见。

在盘点结果反馈中，上级可以通过询问员工表 8-1 所示的问题来了解员工的真实想法和未来职业发展的意愿等，这有助于上级对员工做出更加准确的判断，提供更有针对性的反馈和发展建议。

表 8-1　人才盘点结果反馈时的提问清单

分类	提问问题
现职工作	目前所从事的工作中，你最喜欢哪个部分、最不喜欢哪个部分 回想一下你做得最好的或你认为贡献最大的一项工作，是什么让你做得最好 描述你对现在职位的满意度和愉快度
潜在职位	在本部门和其他部门的职位中，你对哪些潜在职位感兴趣 在这些潜在的职位中，你可以贡献怎样的价值 你认为自己需要具备怎样的工作经历、学习经历才能胜任这些潜在职位
发展机会	什么项目或新工作职责能够激发你的兴趣 你对领导职位或管理员工感兴趣吗 你对怎样的发展或培训机会感兴趣？这些如何促进你现在及将来的表现
发展规划	你认为自己现在及将来的重新定位的能力是什么 你会（或不会）转入哪些领域 关于你的职业发展兴趣还有其他需要补充的吗

结合企业发展战略及个人发展意向，在盘点结果反馈的基础上，管理者还应帮助盘点对象制订个人发展计划（Individual Development Plan，简称 IDP），并为员工提供相应的学习资源支撑，达到把员工"扶上马，送一程"的目的（解决"我怎么去"的问题）。IDP 由员工在上级的指导与支持下制订，一般一年或半年为一个周期，期间定期（按绩效考核周期）进行跟踪、辅导与反馈。IDP 和 PIP 的最终目的都是确保人尽其才、才尽其用，最终实现组织目标，但两者还有很多不同点（见表 8-2）。

表 8-2　PIP 与 IDP 的异同

异同		PIP	IDP
相同点		最终目的相同：都是为了人尽其才、才尽其用，最终实现组织目标	
不同点	目的	绩效提升：为完成组织目标服务	能力提升：为个人的能力提升服务
	主体责任	组织：一般由直属领导或 HRBP 制订	个人：一般由员工本人制订
	跟踪力度	属于绩效计划中的一部分，跟踪力度一般比较强	属于人才培养中的一部分，跟踪力度相对较弱
	适用对象	绩效较差的员工	适用于所有员工（不论绩效与能力如何）
	适用范围	应用较广，很多企业都使用	应用较少，只有少数管理成熟的企业使用

对于企业而言，协助员工制订 IDP，对员工的状况进行周期性的进度追踪，为员工的能力发展提供帮助和支持，能够促进企业整体人才素质的提升。同时，通过对员工个人成长路径进行规划，促使员工自觉地把企业的发展和个人的发展联系起来，激发员工的工作积极性和创造性。除此之外，还能够使员工感受到企业对人才的重视，从而有利于在内部营造"关注人才，发展人才"的文化氛围，以吸引和留住优秀员工。

对于员工而言，IDP 可以帮助他们了解自身的能力优势和短板，通过指明发展的途径和方法，促进他们能力的提升。同时，能够引导员工对自己的现状与目标之间的差距进行评估，在不断增值的过程中，发掘自己的潜在优势。在这个过程中，员工对个人的职业发展规划有了更清晰的认知，并明确了职业目标的努力方向，实现了从"要我发展"到"我要发展"的转变。

然而许多企业在制订 IDP 时却遇到这样的情况：业务管理者直接指出员工待发展的能力，给出能力提升的建议，然后让员工自己填写（人力资源部门设计的）模板并提交给人力资源部门，这样制订 IDP 的任务就算完成了。至于后面的结果如何、员工是否认同，就没有下文了，人力资源部门或业务管理者都不做过程跟踪，IDP 变成了人力资源部门和业务管理者的一厢情愿，这是很多企业的 IDP 流于形式的原因所在。

在 IDP 制订过程中，员工本人应当负主要责任，只有自己明确找到发展的方向，体会到发展的"痛点"，才有可能踏踏实实地落实发展计划；个人还必须掌握发展的主动性，按照既定节奏，将其纳入本人的日常工作计划中。在计划的跟进过程及结果监督上，人力资源部门和直接上级负有不可推卸的责任。

IDP 应当由两部分组成：一是制定发展目标，除了要制定个人本年度发展目标之外，还要结合员工的职业兴趣或发展方向制定长远发展目标；二是设计具体的发展方案，有明确的发展行动措施。

IDP 的制订流程如图 8-6 所示。

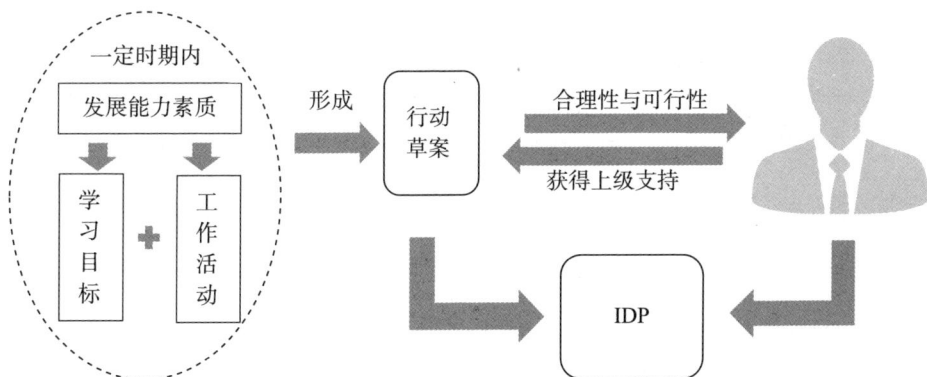

图 8-6　IDP 的制订流程

3. 在战争中培养战斗力

根据"721"学习法则，一个人能力提升的 70% 来自工作实践。潜力决定了一个人能否成为优秀人才，而经历决定了他何时成长为优秀人才。

通常来说，员工（通常指管理者）在一个岗位上的发展经历三个阶段（见表 8-3）：新任期、在岗期、提升期。每个时期，他们所遇到的挑战不同。

表 8-3　管理者在岗发展的三个阶段

阶段	特点	发展重点
新任期（12 个月）适应新角色	快速转身时期，以新的视角看待和认知自己的新角色 重新衡量工作对自己和他人的价值 重新认知人们之间的关系，并以此为基础建立关系 了解什么是最重要的、什么是可以放弃的 掌握新角色所必备的技能	价值观的转变 快速建立人际网络 新环境的适应能力 必备的专业能力 快速学习能力
在岗期（2~5 年）干出成绩来	工作的重心是运用管理技能和专长，尽快取得工作上的成绩，这是在实践中学习领导技巧的重要时期	岗位强调的领导能力素质 体系化的专业能力
提升期（1~3 年）为将来做准备	证明自己对未来岗位的适应能力，这个时期需要提升的能力和需要改变的理念往往是下一岗位在新任期所必备的，为更换岗位做好准备	未来岗位所需要的能力 未来岗位的角色认知 当前人际冲突的处理

沃伦·本尼斯和罗伯特·托马斯在十多年前提出"熔炉"（Crucibles）的概念，他们将熔炉划分为三类：新领域、逆境和停滞。这三类熔炉与职业发展的三个阶段有一定的对应关系：在新任期主要是新领域的挑战，在在岗期主要是逆境的挑战，在提升期主要是停滞的挑战。

我们可以将熔炉理解为关键历练，就是具有挑战性的发展经历。从心理成长的角度看，那些经历人生大起大落的人，往往比那些一生毫无波澜的人获得更多的发展领导力的机会。一个有十年总经理任职经验的高管，其经历不一定强过一个只有三年总经理任职经验的高管。因此，为了发展目的人为地创造关键管理事件（轮岗），则可以让人才获得更快的成长；而人为地模拟关键事件（发展中心），则可以在安全的环境中磨炼企业领导人。从发展的角度看，最有效的经历都是那些最具挑战性的经历。因此，拉姆·查兰认为，领导力难以在课堂上学会，只能在实践中培养。基于此，要培养出优秀人才，就必须加强实践锻炼。通常来说，高潜人才的实践锻炼有表 8-4 所示的两种方式。

表 8-4 高潜人才实践锻炼的两种方式

实践锻炼方式	具体说明	举例
通过实践任务成长	让其承担某项工作或在一个工作组中担任某个职位，可以是全职的，也可以是兼职的，但通常是持续较长时间的（一年或两年）	负责某个重大的项目（如开设新公司/工厂/门店）、岗位轮换（如海外派遣、跨区域调动）、挂职锻炼（如到分/子公司或客户公司工作）
通过短期经历成长	通常是以兼职的形式，时间较短，有的几个月，有的两三天，有的甚至几个小时	加入某个委员会或项目组、参加一些重要的会议、接待客户、对新员工培训

高露洁棕榄（中国）有限公司（以下简称高露洁）特别注重商务领域的高潜人才在全球的历练。首席执行官、业务部门总裁、销售部门全球领导人每个月都会开会决定，谁该调往哪一个全球性的商务岗位。他们也探讨此高潜力人才接下来的两项可能的职务安排，以及他们需要做好哪些准备才能胜任这些职务。与此同时，他们会考虑此人现有职务的可能接班人选。全球性领导人才在每一个职务上都能获得最有建设性的反馈，而且大多还会得到外聘教练的指导。此外，他们也有机会与公司的核心领导团队接触，公司领导经常到全球各地出差，他们一定会抽出时间与领导人才及他们的直接上级交流，讨论领导人才目前的发展状况。

当然，有些人之所以能够快速成才，并不是简单地因为经历过各种熔炉，经历失败而一蹶不振的也大有人在。那些能够成长的，一定是在熔炉中学习到经验并以此指导未来的人，也就是学习能力强的人。因此，我们在设计培养方案时要有熔炉，让员工有机会学习，但不能仅仅只是提供挑战性的任务，还需要"煽风点火",以加速他的成长。

需要注意的是,教育培训对人才培养也同样重要,如各种面授课程、在线课程、外部参访、交流会议、EMBA 和 EDP 等在职教育,以及安排专业教练或导师定期与员工进行面对面会谈,都可以加速他们的成长。

高露洁非常注重通过教育培训项目来提升管理人员的能力。例如,进入公司前五年,管理人才可能受邀参加领导力开发课程。超过十年的高潜人才,将有机会参加"20/20 培训课程",这是由公司和一所大学共同举办的行动学习培训课程,学期一年,主要研讨公司某项重大业务问题,并在最后向领导高层提出业务发展建议方案。培训项目不仅有丰富的课程,而且还有机会参加国际旅行及拜访著名大学,学员们经常有机会与高层领导无拘无束地共同进餐和交流。

但是教育培训方面有两个关键点需要注意:一是学什么,二是怎么学。许多企业往往把重心放到怎么学上,在学习的方法、手段、工具上下了不少工夫。但其实,比怎么学更重要的是学什么,特别是在互联网时代,各种学习资源非常多,选择员工最需要的、最适合的资源才是最重要的。

然而事实上,许多企业在人才培养方面缺乏科学性和针对性,他们往往图省事,看到同行或知名企业怎么做就依葫芦画瓢,直接把其他企业的做法照搬过来;或者看到市面上什么热门、什么流行自己就做什么,如前几年流行互联网思维,不少企业就一窝蜂地学互联网思维。每个企业面临的竞争环境、商业模式、经营战略、发展阶段都不一样,存在的问题也不同,这就导致了他们在人才培养需求方面存在差异。例如,企业采取业务多元化扩张战略,急需的就是行业领军人才;如果采取专业化创新战略,急需的可能就是创新型人才。

学习地图按照人才标准构建的培训课程体系和培训资源,按职业发展路径进行匹配,将公司的发展目标、职位规范有机导入对员工的能力素质要求之中，清晰告知员工每个阶段的学习内容、努力方向和目标。从新员工进入公司开始，就让员工清楚地了解学习成长发展路径，公司则集中力量提供各种条件和便利资源，创造利于个人发展的环境和氛围，激发个人内在动力，促进其产生主动要求学习的愿望。

4. 扶上马还要送一程

哈佛大学教授约翰·J.加巴罗在《接掌新职的动态分析》一书中指出，新手的新工作过程由一系列的学习行为组成，他总结为"三波段现象"：第一个波峰是第 3 个月，第二个波峰是第 18 个月；第一个波谷是第 6 个月，第二个波谷是第 27 个月，具体如图 8-7 所示。

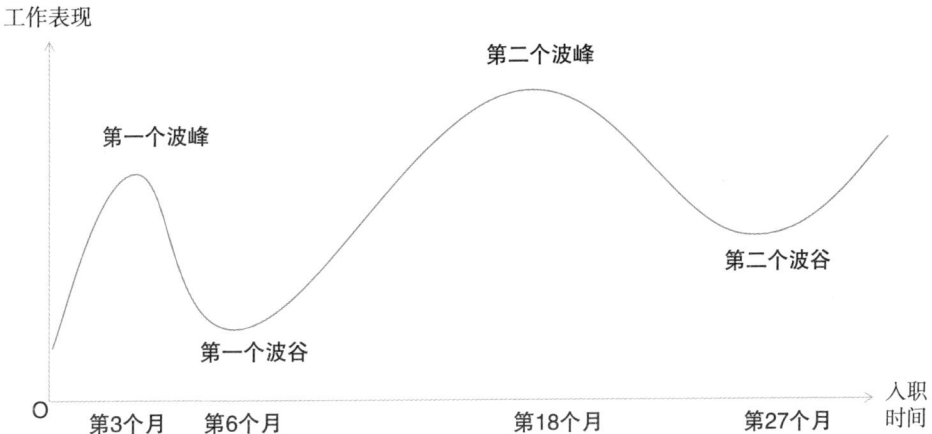

图 8-7　职业发展的"三波段"曲线

新任管理者一开始都会比较谨慎，在进行一些最初的诊断之后，他们就会做出一系列的改变，这些改变往往是 1 号波中所谓的一些基本修正行动；接下来是沉浸阶段，在这个阶段新任管理者对组织有了深入的了解，会加速少量的改变；随之进入重组阶段，包括一些复杂的战略性的改变，也就是 2 号波；最终，第三个相对波动较小的改变波段就是巩固阶段，这个阶段会基于重组的结果做一些调整。

综上，我们可以得出如下两个结论。

第一，对于高级职位而言加速是不可行的，因为进行组织诊断、建立信任、修正相互的期望以及获得影响力都要耗费大量的时间。三年的融合期似乎对不同的行业都适用，甚至对行业的内部人士和外部人士都适用。

第二，新任管理者还会面临一个困境：以多快的速度采取行动？如果他们采取的行动速度过快，他们可能是基于错误的诊断而采取行动，结果往往会失败；如果他们花费太长时间对组织进行诊断，往往会使组织陷于沮丧的情绪中，尤其在火烧眉毛的时候，人们想要的恰恰是快速改变。

在融入组织阶段会面临三个陷阱：缺乏组织支持，风格不匹配，被环境的压力所迫。DDI 在《领导的成功转型》研究报告中指出，在中高层管理人员中，仅有 10% 的受访者认为自己已做好准备，能够应对企业面临的挑战；41% 的受访者表示，如何应对模糊不清和充满不确定性因素的局面是他们升任更高职位后遇到的最大挑战；32% 的受访者认为，他们的上司对人才资源只分配不发展，他们仅仅关注当下而不关注未来，无法为下属提供应有的支持，这使得新经理人的发展取决于运气、个人表现或上层组织。而如果上司为下属选择高质量的领导力发展计划，从领导者的素质到整个组织绩效都会受到积极影响，财务指标会提升 2.7 倍，具备高素质的后备梯队会提升 6.5 倍。

因此，作为新任经理人的上司，你需要思考四个基本问题：新任经理人得到足够的支持了吗？新任经理人和组织间的关系融洽吗？商业模式被新任经理人合适地执行了吗？有进步的证据吗？

用于发展领导者能力的学习方法如图 8-8 所示，其中获得直属领导的辅导是最适合的方式。

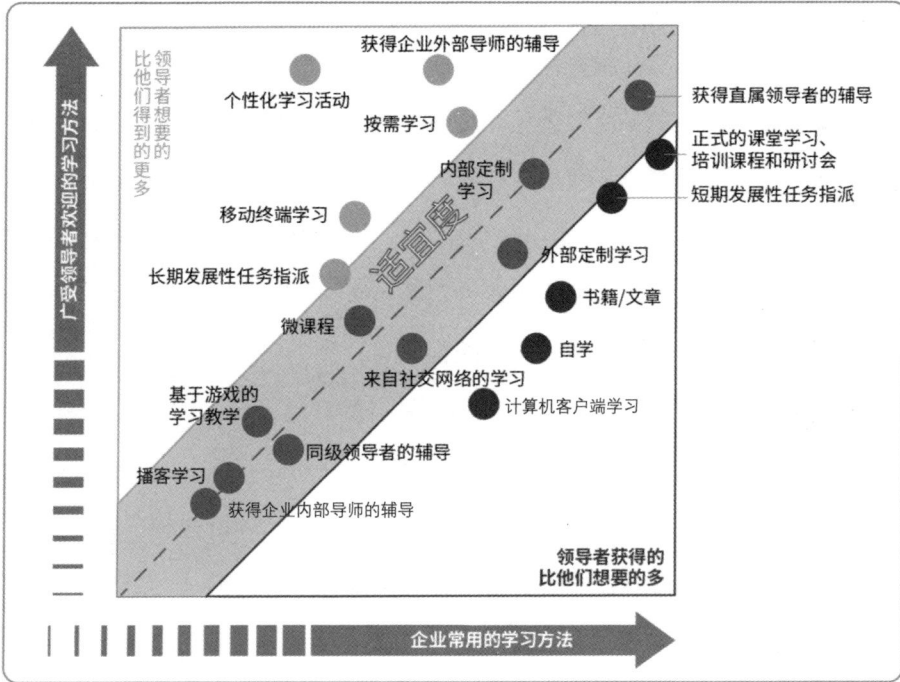

图 8-8　用于发展领导者能力的学习方法

　　拥有正式的导师文化给企业带来的益处有：关键职位在发生空缺时能被立即填补的比例增加 23%，领导者的整体质量提升 46%，人员流动率下降 20%，员工掌握组织知识和经验的能力提升了 1.7 倍。

　　高潜人才必须通过自我反省、高人指点或两者结合的方式发现自己的不足，然后加以改进，这样才能真正达到提升学习效果的目的。有些人主要靠自己摸索感悟，但是对于大多数人来说，如果身边有高人指点，能及时指出自身的问题并给予指导，自己的成长进步会大幅加速。反馈加改进的练习模式，就是高潜人才自我修炼、提升能力的秘诀。在持续的练习中，他们会突然产生新的领悟，从而改变自己的心智模式，使自身能力大幅提升，达到一种新的境界。

在这样的情况下，导师制就显得非常重要，它通常广泛地应用在新晋管理人员身上，又可称为师徒制，旨在为被辅导者传授重要的知识及经验，为他们指点迷津。导师制是最受新晋管理者欢迎的培养方式之一。这不仅是因为导师能帮助新晋管理者就其业务获得更广泛且深刻的见解和知识，还可以让管理者与自己职能领域以外的人员建立联系。而且导师的好处不只限于被指导的个人，实施导师项目的企业可以让新晋管理者和导师之间建立联系，将实际经验和智慧保留在企业内部，打破不同职能领域间的壁垒。

因此，我们建议上级领导对员工做出敏锐的观察，投入 20% ~ 25% 的时间观察那些有潜质的人才，并从与这些高潜人才互动的其他人那里获得更多的信息。同时，上级领导应该定期抽出时间，集体讨论和分析这些高潜人才的行为方式、工作风格和工作状态等，这样才能清楚地了解他们是否在正确的轨道上发展，以便企业能够根据每位高潜人才的最新发展状况来筛选与更新企业的高潜人才库。这也是一项重要的评估机制，可以防止培养过程中出现揠苗助长的现象。

此外，上级领导通过这些观察找出高潜人才必须努力提高的那些事项，并为他们提供反馈、精心指导，这和管理预算、推出新产品一样重要。上级领导和他们之间的每一次互动都是帮助他们持续强化练习和成长的机会。

例如，韦尔奇将业务分析与培养团队相结合，以帮助整个团队更好地达成业绩目标。他会每年召开两次战略讨论会，并与 15 位直接下属定期谈心。每次会议结束，他都会亲自动笔给每一位下属写信，总结会上讨论过的主要议题及行动计划，这个习惯他一直坚持了 10 年。

5. 谈感情必须得伤钱

马云曾说过，员工离职无非两方面的原因：一是钱没给够，二是心受委屈了。可见，要保持员工队伍的稳定性，物质激励和精神激励都非常重要。那么，该怎样做好人才的激励呢？我认为主要有以下几点。

首先要舍得发钱。俗话说人往高处走，水往低处流，这是自然规律。要吸引人才、留住人才，薪酬福利就得跟上。如果不舍得在员工身上花钱，员工就舍得离开企业。

企业的领导者不要用过于理论的、理想的眼光来看待这个问题。不要痴心妄想员工对企业无限忠诚和无限热爱，也不要指望员工会跟随你一辈子，所有员工都将是离职员工，只是阶段性地成为你的下属而已。

因此，在激励方面企业要懂得尊重人性，不要忽视人性中"重利益"的特点。通过激发每一个人的"私"的人性，让他比你对成功更渴求、对利益更期待、对事业更投入。不要拿所谓的"公"的企业文化去对抗人性的"私"，想要马儿跑却不给马吃草。如果现在不来点现实的，那么要想实现企业未来的发展也是不现实的。从现实出发，理想才会变成现实。

华为的激励体系，就是让每个员工在奉献之后得到丰厚回报，而任正非本人的股份却只有 1.5% 左右，因为任正非明白：财聚人散，人聚财散。所以我们说，衡量一个老板是否有大智慧，要看他是舍利取义还是与员工争利。

此外，企业要建立定期加薪的机制，每年根据外部市场变化情况，给绩优员工加薪，使得一些高绩效员工即使没有获得晋升，在物质方面获得回报，也能获得满足感，只有这样才能保持员工队伍的稳定性。衡量一家企业是否成熟的标志是：不等到员工提出辞职就主动帮他加薪，因为等到他辞职时你再帮他加薪就为时已晚了。

需要注意的是，必须在工资增长的同时使企业效益更快增长，而不是工资增长速度超过了企业效益增长的速度，否则企业将难以持续发展。

其次要把钱发给对的人。吉姆·柯林斯指出："我们研究发现，建立伟大企业和你如何付给高管人员薪酬关系不大，却和你给哪些高管人员支付薪酬息息相关。"也就是说付薪给谁比付多少薪水更重要，这个规律同样适用于其他职位的员工。对于企业来说，为不合适的人支出是对薪酬的最大浪费，应及时将不合适的人请出组织，将优化不合适人员后节省出的激励资源向合适的人员倾斜。

和晋升不同，选择加薪对象的主要依据是绩效，其次才是能力/潜力。因此，根据人才盘点结果，排在1号宫格的人才既要晋升，也要加薪；排在2号宫格的人才应加薪，有机会也可以晋升；排在4号宫格的人才，只加薪但不给予晋升；而排在3号宫格的人，可以给予锻炼机会，但暂不给予晋升和加薪，具体如图8-9所示。

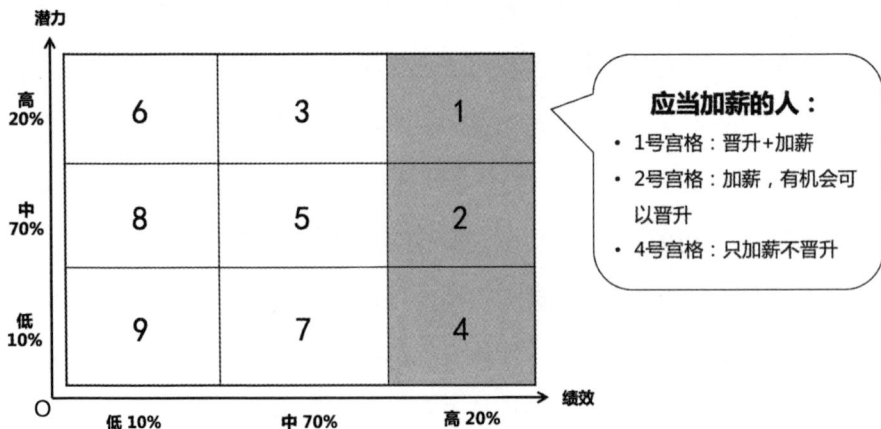

图 8-9　应当加薪的三类人

因此，需要从人才盘点得出的核心人才名单中找出需要加薪的人，将薪酬资源重点向这部分人倾斜，在定薪时采用更激进的薪酬策略，调薪时给予更高的比例，以吸引和保留这部分人才，从而激励人才为企业创造更大的价值。这样也会在企业内部形成良性的竞争氛围，避免出现奖励一个打击一片、吃大锅饭、轮流坐庄等现象。

有升就必有降，企业同时还要找出需要降薪的人，那就是处在 6 号、8 号、9 号宫格的人员（见图 8-10）。其中，6 号宫格首先考虑的是调整岗位，如果绩效没有变化再考虑降级降薪；8 号宫格是只降薪不降级，给予警告要求其改善绩效；9 号宫格既要降级也要降薪，如果绩效没有变化，就要淘汰。给予降薪的同时，一定要与员工签订 PIP。

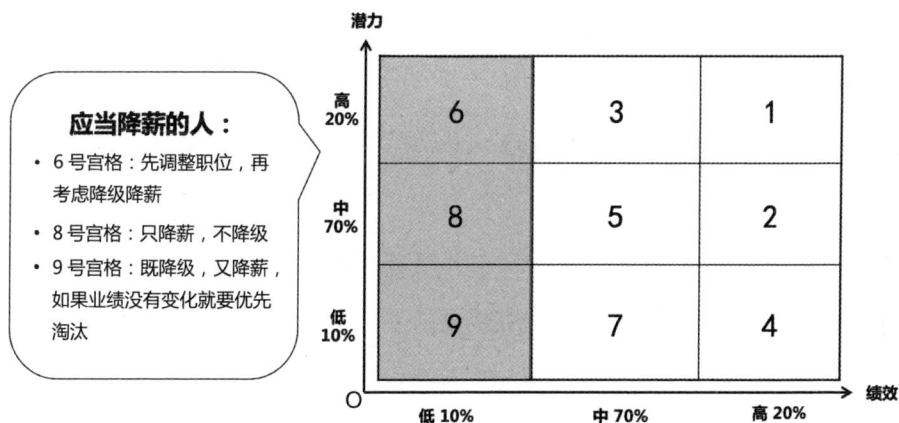

图 8-10　应当降薪的三类人

最后不能只发钱。 激励的基础是满足员工的需求。不同员工的需求是不同的，即便是同一个人，在不同的时间或环境下，也会有不同的需求。例如，从事简单劳动的打工者，创造的价值较低，人才市场上的供应充足，对他们采用物质激励是适用的和经济的；而高层次的技术人员和管理人员，对成就的需求更多，因此企业除提供优厚的物质待遇外，还应注重精神激励，为他们创造宽松的工作环境，提供有挑战性的工作来满足他们的精神需求。

针对性激励，就是找到员工需要的点，并对这个点进行持续刺激。在激励时，没有钱是万万不能的，但只发钱也不是万能的。新生代员工越来越追求平等、自由、尊重的价值观，因此企业不应仅仅强调外在的物质刺激，还要把工资、福利等物质激励和尊重、表彰、提拔等内在激励结合在一起，激发他们内心的工作热情。

需要注意的是，不要将人才盘点结果过于直接地与物质奖励挂钩，这样非常容易引发结果公平性的争论，把项目参与者的关注焦点从利用结果更好地倡导后续策略变成了对名单的争论，甚至可能出现某人到底能不能被破格引入某一格的纠缠。建议在人才盘点结束之后，设置一个过渡期，即过一段时间之后再应用盘点结果，这样能大大降低盘点对象的敏感度。

例如，某企业在开展了中高层人才盘点后，又分别开展了高管培训和中层干部培训，在进行到一半时间的时候（即盘点结束之后三个月），根据人才盘点结果，对部分管理人员进行了晋升、加薪、职位调动和淘汰等人事调整。因为通过参加培训，许多管理人员获得知识技能方面的提升，也感受到了企业对人才的重视，对企业做出的决定也比较支持。

除了物质激励之外，还可以采用精神激励。例如，适当的表扬和认可——鲜花和掌声也是非常有作用的。当然，空洞、无意义的认可与赞美不仅起不到任何激励的效果，反而会适得其反。表扬和认可要聚焦在员工自己最看中的技能、优势或发展痛点上。

6. 人才的全生命周期管理

正如一个产品有其产生、形成、发展和衰退的周期一样，组织中的人才也有其生命周期。一般而言，人才的生命周期大致可以划分为初生期、成长期、成熟期和衰退期，每个阶段有其不同的特点，企业应当采取不同的管理策略。

（1）**初生期**。初生期是指从员工刚步入职场（5 年内），到逐渐从校园人转变为职场人，适应并融入企业文化，了解并熟悉企业业务，能够独立承担工作之前的这一段时间。这个时期的员工往往冲劲大、积极性高，当然部分人员也有些理想主义，对企业的制度、文化等有不适应的地方，因此较容易离职。这一阶段企业应多发掘员工特点，有针对性地进行培训和引导。在工作中要注意引导员工，让他们接触一些企业内的优秀人员，使之明白"天外有天"的道理，尽可能在这个阶段将他们的行为纳入企业文化规范。

（2）**发展期**。发展期是指员工从适应岗位工作与企业文化开始，业务知识、技能和经验得到较大提升的阶段，主要表现为：一是纵向上获得岗位晋升和提拔，如从专业岗位走上管理岗位；二是横向上知识与技能得到拓宽，成为多面手。这一阶段通常指步入职场的 5 ~ 15 年的时间。经过工作实践的锻炼与磨砺，有能力的员工渐渐浮出水面，希望做出成绩并得到提升是他们最大的心愿。这时也会产生新老员工的矛盾与冲突，企业这时的主要任务是提供学习与锻炼机会来培养人才、留住人才，把其中确实有能力的员工放在重要岗位上，并努力降低内耗、促进团结。

（3）**成熟期**。成熟期是指员工已发展成为企业的中流砥柱。这个时期的人才业务能力强，经验丰富，但容易产生骄傲自满的心态。企业应赋予其更大的责任和更有挑战性的工作，给予其更多的发展空间与机会，避免"天花板效应"，并且还要给予愿景激励，倡导忧患意识，激发他们的创业精神。同时，企业要转变观念，不断提高人才待遇，注重对他们的长期激励（如股权激励、合伙人制度等），让他们共享企业发展成果。要特别注意一些核心员工的思想动态，尽量采取有针对性的措施进行挽留。

（4）衰退期。经历了成熟期之后，人才的发展可能有两种趋势，一种是进入衰退期，另一种是进入持续发展期。有的员工由于长时间从事一项工作，会表现为满足现状、不思进取、学习能力和创新能力下降。企业这时应制订员工再培训计划，重新焕发他们的斗志，有条件时还可以进行岗位调整。也有部分人才仍保持持续的成长性，具有很强的学习能力、创新能力和对企业的忠诚度。这种人才是非常稀缺的，他们往往是企业未来的栋梁，企业应当将他们列为重点培养对象，给予进一步发展的空间与机会。

这些员工优势尚存，仍可发挥余热，较多人存在晋升的需求，但企业却可能会忽视他们的晋升需求，或者是无法给他们提供足够的机会。此现象在企业中较为普遍，因为组织中级别越高，晋升机会就会越来越少。因此，大多数人在这个时期会出现职业停滞的问题。企业可以根据人才盘点结果，分析将他们放在哪个岗位上更容易让其发挥余热，同时也要督促他们主动改进和学习。

在四个发展阶段中，发展期与成熟期是最为关键的阶段，会对企业产生最大的影响。

如果员工在发展期离职，对企业和员工而言是双输。一方面，员工经过了几年的学习和锻炼，工作能力和经验都得到了较大的提升，但尚存在需要进一步提升的空间，这个时候如果离开企业，原有的经验积累将得不到利用；另一方面，企业花费了时间和精力，提供了平台和机会，对员工进行了几年的培养发展，到快要产生贡献的时候，员工却离开了，这是一笔很大的损失。因此，这一阶段要尽量避免员工离职。而到了成熟期，员工的能力、经验尤其是创造力均达到顶点，这时候他们对企业的贡献度最大，也是企业的顶梁柱。

人才的四个发展阶段与管理对策如表 8-5 所示。

表 8-5 人才的四个发展阶段与管理对策

阶段	主要特点	人才评价	人才使用	人才培养	人才激励	人才保留
初生期	冲劲大、积极性高、技能性高，技能不熟练，容易眼高手低	全面考察能力、个性、动力，发掘高潜人才，以便进行重点培养发展	安排在一般岗位上工作，从事基础性和辅助性工作	练招式：使其掌握基础业务知识和技能，熟悉并融入企业文化	情感激励：展现企业对其成长发展的关心 文化激励：注重企业文化的影响	离职的高发期，可能的离职原因：工作、不适应企业文化，不能融入企业文化，对上级不满
发展期	业务知识、技能和经验得到较大的提升，工作动力较强，希望进一步发展，希望做出成绩	重点考察能力提升情况、工作准备度、发展动力，以判断是否具备进一步发展的条件	根据能力发展情况，逐步安排重要工作和挑战性工作	练套路：使其掌握工作的整体流程，体系化的方法与思路	学习激励：提供学习和锻炼的机会 愿景激励：描绘未来的发展前景	可能的离职原因：学习与发展机会、晋升空间
成熟期	业务能力强，经验丰富，有能力，才能颖脱而出，容易产生骄傲自满的心态	重点考察领导力或专业能力，以判断是否具备承担重要工作的条件	到关键岗位任职，安排高挑战性工作，并给予充分授权	练内功：加强职业素养培训，开拓视野，提升综合素质	平台激励：提供事业发展平台 长期激励：分享企业发展成果，激发创业精神	离职的高发期，可能的离职原因：工作回报，工作成就感与价值感
衰退期	满足现状，不思进取，学习能力和创新能力下降	重点考察工作动力、学习能力、创新能力，以判断是否进入衰退期	逐步退出工作岗位，从事高级参谋或经验辅导类工作；或给予他新的职责，多一些创新类工作	根据情况决定，如能持续发展则继续练内功，否则就没必要再投入	精神激励：肯定过去的贡献，尊重人才的价值	可能的离职原因：职业厌倦，即使不离职，工作动力也会下降

一家企业要取得成功，处于发展期与成熟期的人才数量必须合理，否则劳动成本会居高不下，不利于工作的连续性，给企业的可持续发展带来阻碍。通常而言，对处于正常发展周期的企业来说，发展期与成熟期的员工应当占员工总数的 50% ~ 70%（见图 8-11），且成熟期员工比发展期员工最好要稍多些，整个人才结构呈橄榄型，这是最理想、最健康的一种状态。同样，在核心人才队伍里面，这两部分的核心人才数量也应当达到 60% ~ 80%。

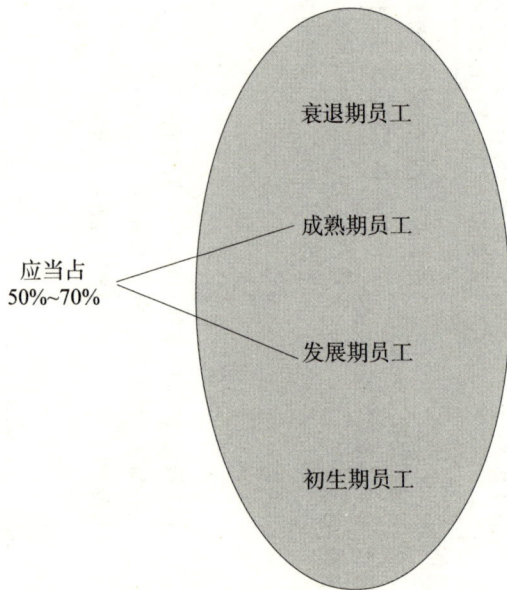

图 8-11　不同发展阶段的员工合适的占比

对于进入衰退期的员工，企业应当建立相应的退出机制：为退出的核心人才提供各种形式的生活补助，保障核心人才未来生活的品质；对于具有较大贡献的员工，向其提供股权或者受益分享权，保障其付出得到合理的回报；核心人才退出后享受荣誉员工身份和福利待遇，这有助于核心人才获得心理满足并加深其对企业的情感；核心人才退出后，继续保留其为企业服务和奉献的机会等。企业建立完善的退出机制，其意义不仅在于使核心人才能够安心工作，毫无保留地奉献自己的智慧；更在于与核心人才形成长期的友好合作关系。这也让其他员工看到企业对人才的尊重，以激发大家的工作热情。

总的来说，企业在核心人才全生命周期管理中，主要的努力方向是：缩短人才的引入期，合理引导发展期，尽量延长成熟期，努力控制衰退期并使其转入持续发展期，使人才的生命周期与企业的发展周期相适应、相匹配。

第 9 章

向最佳实践取经 ①

---

① 本部分呈现的内容全部为真实案例，出于保护商业秘密的考虑，对部分内容（如盘点中发现的问题、成果样例）进行适当省略。

1. 某多元化集团组织与人才盘点项目

××公司是一家多元化产业集团，成立于20世纪80年代，总资产及年销售额均突破300亿元，业务覆盖全球150多个国家和地区。该公司的核心业务从制造起家，伴随互联网和金融发展的大趋势，逐渐向其他业务板块进军，最终形成了制造、金融、互联网三大块战略业务板块，包括柴油和电动各种动力系统、摩托车和电动摩托车，以及房地产、金融和互联网业务。

公司正处于战略转型过程中，组织能力与高管团队是支撑战略落地的关键成功因素。因此，公司需要通过人才盘点全面了解集团及各业务板块的组织效能和人才现状，以针对性地开展相应的组织能力建设，打造一支兵强马壮的人才队伍。

人才盘点项目针对集团职能中心负责人及下属一二级子公司、事业部（以下统称事业部）总经理、副总经理共106位高管展开。人才盘点项目的目标与主要内容如下。

（1）摸清组织现状和人才家底。包括对组织结构进行诊断，对组织效能进行分析，同时梳理关键岗位，预测人才数量需求，以了解组织现状与战略要求之间的差距；对高管的绩效、能力、潜力等素质进行评价和盘点，绘制各业务板块的高管人才地图，为人才决策与人才发展提供科学依据。

（2）赋能组织与人才盘点技术。使集团和各业务板块领导者接受人才盘点的理念和方法论，同时让内部管理层与HR掌握人才盘点的技术，以便向中层以下层级展开人才盘点，使其成为人才管理的常态化工作。

项目整体周期为两个月，项目流程包括图 9-1 所示的内容。

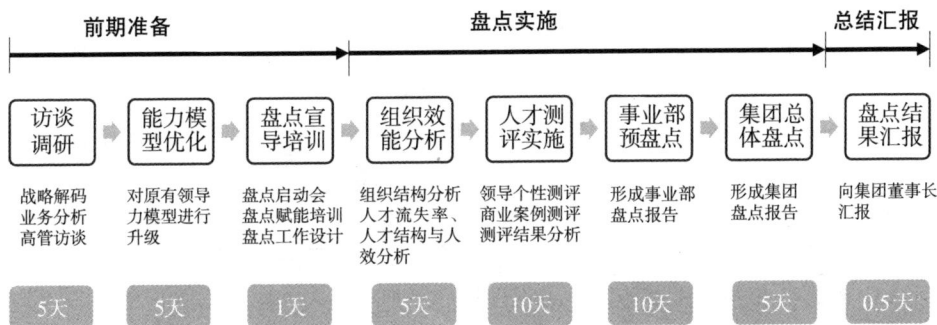

图 9-1　项目流程

由于盘点对象均为高管，职位级别较高，平均在 40 岁以上，人力资源部门担心大家的配合度不高，因此组织召开了项目启动会和宣导会。会上，首先由咨询顾问对项目价值、盘点流程与工具进行了详细说明，然后集团执行总裁发表了讲话，主要强调了三点："第一，很多业务问题背后其实都是人的问题；第二，借助专家顾问，可以使人才盘点工作更具系统性、专业性和客观性；第三，除了老板（指董事长），所有人都要盘，包括我自己，一个都不能少。"执行总裁的这番讲话为项目顺利开展提供了强有力的支持。

在本次组织与人才盘点过程中，公司董事长、执行总裁、副总裁、事业部总经理、人力资源总监等高管的参与情况如表 9-1 所示。

表 9-1　公司高管项目参与情况

项目内容	董事长	执行总裁	副总裁	事业部总经理	人力资源总监
项目启动会		发表讲话	参加会议	参加会议	主持会议
高管访谈	接受访谈	接受访谈	接受访谈	接受访谈	接受访谈
胜任力模型成果		最终审定			参与审核

（续表）

项目内容	董事长	执行总裁	副总裁	事业部总经理	人力资源总监
评价中心工具					最终审定
人才盘点赋能			参与培训	参与培训	主持培训
预盘点会			参与讨论	参与讨论	参与讨论
总盘点会	参与讨论	参与讨论			参与讨论
盘点结果反馈	听取顾问汇报	听取顾问汇报	听取顾问汇报	听取顾问汇报	听取顾问汇报

由于该公司产业非常多元，既有成熟的制造业，又有房地产、金融等成长型业务，还有互联网等新兴业务，不同事业部的发展程度不同，对授权和管控的程度要求不一，对组织和人才的要求也不同。因此，在领导力模型的构建和测评工具的开发上，我们采取兼顾共性与个性的方式，具体如图9-2所示。

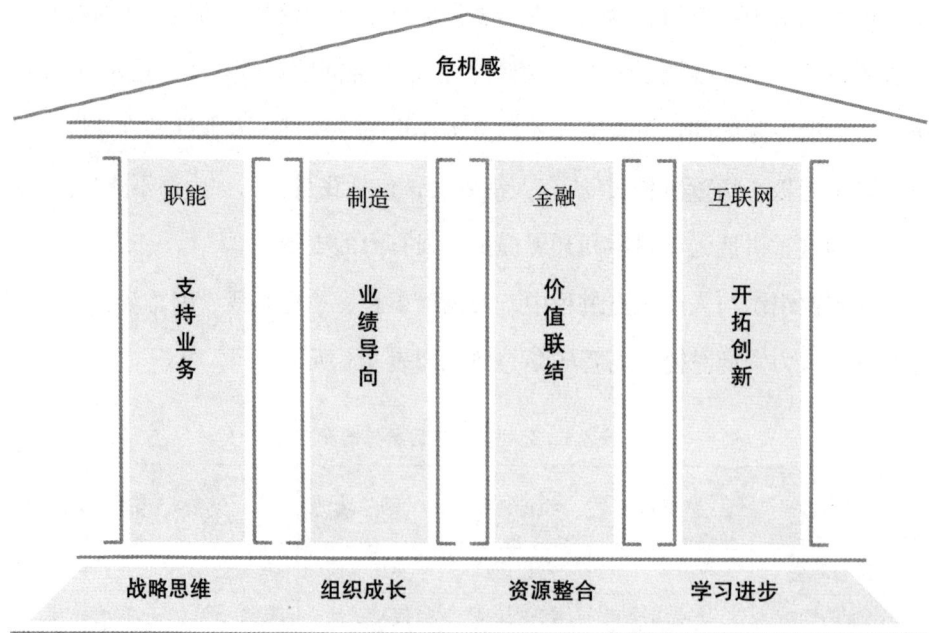

图9-2　共性与个性相结合的领导力模型

在测评环节，我们采用了领导个性测验和商业案例分析两种测评工具。领导个性测验主要考察领导者的个性和潜力，采用手机端在线作答形式，每人用时 20 ~ 30 分钟；商业案例分析主要考察领导力，根据领导力模型定制化开发，采用纸笔作答，时长为 90 分钟，由人力资源部门统一组织，外部咨询顾问进行阅卷评分。

在测评完成之后，盘点对象的直接上级在测评结果的基础上对其绩效、能力得分进行校准，并对其行为特征、优劣势、稳定性、培养发展建议进行了补充，以使评价结果更贴近业务实际。

人才盘点维度矩阵如图 9-3 所示。

		主要内涵	评价工具
当前	能力	高管领导力模型	①商业案例分析（50%）②上级评价（50%）
	绩效	绩效得分、岗位贡献	上级评价
未来	潜力	个性特质、管理潜力	①个性与潜力测评（50%）②上级评价（50%）
其他	稳定性发展动力	影响程度、综合评价、发展建议等	上级评价

图 9-3　人才盘点维度矩阵

此外，我们还对组织结构、人员结构、人员流动性、人均效能、人才数量、关键岗位等进行了梳理和分析。通过盘点讨论，最终形成人才九宫格和下一阶段行动计划。形成的项目成果如表 9-2 所示。

表 9-2　项目成果

分类	成果材料	汇报对象
整体报告	集团整体人才盘点分析报告	董事会
	各事业部人才盘点分析报告	事业部总经理
个人报告	人才发展档案（每人一份，顾问人工整理）	集团人力资源部门
	领导个性测验报告（每人一份，通过计算机导出）	被盘点的高管
赋能材料	人才盘点工具图表一套	集团人力资源部门
	人才盘点培训课程	集团人力资源部门

此次人才盘点工作，集团总部人力资源部门及各事业部领导和人力资源部门负责人都积极参与进来，在项目开展过程中咨询顾问还对公司内部管理层和 HR 进行人才盘点方法的培训与流程的赋能。

通过本次组织与人才盘点，发现的问题如表 9-3 所示。

表 9-3　通过组织与人才盘点发现的问题

问题归类	问题描述
各板块之间缺少协同	由于集团业务比较多元，集团总部对下属各分 / 子公司、事业部的授权和管控力度不一致，总部对下属业务单元管控有余而赋能不足，业务板块之间未产生协同效应
队伍稳定但结构僵化	高学历（硕士以上学历）、高技术人才较少；年人员流失率不足 1%，人才队伍非常稳定，同时反映出人才结构有一定程度的僵化，需要从外部适当引入一部分优秀的人才，给组织注入活力
关键岗位缺后备人才	各业务领域和分 / 子公司都有优秀人才担任核心领导层，没有出现明显的人才缺位和断层，人才素质分布较为均衡。但仍有部分岗位存在"人才孤岛"状况，即内部缺少后备人选，外部也较难有替代人选
跨界复合型人才不足	制造、互联网、金融各板块的高层领导对本业务领域的战略理解较为清楚，但是对其他板块的理解和认识还不够准确清晰，缺少对多块业务均有所认知的复合型人才和跨界人才
务实肯干但缺少激情	高层领导普遍务实肯干，但创业激情有所不足。大多数高管对内外部环境的危机意识有待提高，相比扩张发展，他们更关注内部管理

（续表）

问题归类	问题描述
理解战略但缺落地策略	公司战略深入人心，但落地策略不足。在战略理解方面，大家对三大业务板块面临的困难、挑战、人才差异有较为准确的认知，但是针对战略的落地策略和行动步骤，还缺少共识和具体意见

基于存在的上述问题，在项目组提出的改善建议的基础上，公司制定了以下优化改善措施，具体如表 9-4 所示。

表 9-4   优化改善措施

归类	具体措施	负责人	完成时间
组织结构调整	将供应链部、研究院、培训部三个部门人员整合，由集团统一管理，促进各业务板块之间的协同，实现资源共享	执行总裁人力资源总监	2018 年 12 月
开展中层人才盘点	结合此次高层人才盘点，各单位根据实际情况，进一步对中层、核心骨干、关键岗位进行盘点，建立关键岗位的继任计划、培养计划	事业部总经理人力资源总监	2018 年 10 月
建立轮岗机制	建立跨事业部 / 公司 / 部门轮岗机制，培养具有多岗位工作经历的复合型人才 将多岗位经历作为领导岗位的晋升条件之一，避免人才产生职业懈怠，以锻造优质人才	人力资源总监	2018 年 12 月
设立分支机构	在上海和深圳设立两个研发中心分部，以吸引本地的高端人才	人力资源总监	2018 年 12 月
关注"空降兵"的融入	关注"空降兵"的融入问题，通过设立过渡期、混血搭配（新老员工搭配）、文化价值引导等方式确保外部人才顺利度过适应期，尽快融入企业文化	人力资源总监	2019 年 3 月
打造人才培养利益共同体	将培养岗位继任者作为管理岗位的考核指标	人力资源总监	2018 年 12 月
建立内部导师制	引导部分管理者在企业内部扮演导师角色，有效进行知识、文化等各方面的传承	人力资源总监	2018 年 12 月

表 9-4 中的措施大部分都按计划实施了，但在上海和深圳设立分支机构的措施未按计划实施，改为通过解决住房和子女教育问题来吸引异地优秀人才加入。

由于公司的传统业务较为稳健，新兴业务尚未见成效，三类业务需要理解彼此的角色和管理方式的不同，为此集团举办了多次研讨会议来促进各业务板块之间高层领导的交流，理解彼此的差异化和联结点。

集团人力资源总监反馈：除董事长外，所有高管群体都参与了此次人才盘点。这次盘点对内部的组织健康度和领导者胜任度进行了全面的摸底，使董事局对整个集团的高管队伍有了全面深入的了解，效果不错。接下来我们会进一步对中层进行盘点，让盘点工作成为集团的一项常态化工作。

2. 某休闲食品企业组织变革与人才盘点项目

××企业专门生产、销售休闲熟卤制品，成立于 20 世纪 90 年代，2017 年上市，年营业额超过 40 亿元，目前全国的门店总数超过 3 000 家，覆盖 100 多个城市，线上覆盖了 20 个国内主要电商平台，并在 90 多个城市提供外卖服务。

经过 20 多年的发展，企业的业绩增长遇到瓶颈，休闲食品行业面临着电商红利消失、新兴零售品类大量涌现、交通枢纽资源竞争加剧等诸多挑战。面对激烈的行业竞争及日新月异的市场趋势，企业于 2019 年启动"第三次创业"计划，并与咨询机构合作制定了新的战略规划，通过战略工作坊研讨梳理出要打的几场硬仗，包括推出特许经营模式、优化整合营销、制定同店增长策略、构建多品牌体系等。

为支撑战略落地，该企业需要对组织结构和岗位设置进行优化，同时构建各层级能力模型，对中高层管理人员进行盘点，并完善人才激励体系和人才培养体系。对此，人才盘点项目的总体思路如图 9-4 所示。

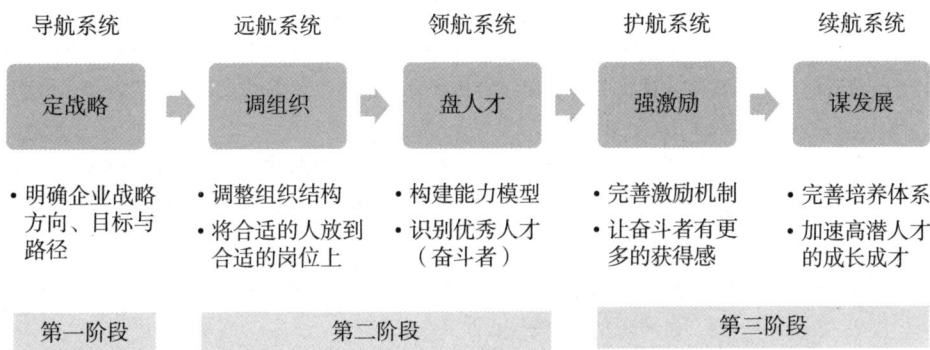

导航系统	远航系统	领航系统	护航系统	续航系统
定战略	**调组织**	**盘人才**	**强激励**	**谋发展**
• 明确企业战略方向、目标与路径	• 调整组织结构 • 将合适的人放到合适的岗位上	• 构建能力模型 • 识别优秀人才（奋斗者）	• 完善激励机制 • 让奋斗者有更多的获得感	• 完善培养体系 • 加速高潜人才的成长成才

第一阶段	第二阶段	第三阶段

图 9-4　人才盘点项目的总体思路

在本次组织与人才盘点过程中，企业董事长、行政总裁、副总经理、人力资源总监等高管参与度非常高，具体情况如表 9-5 所示。

表 9-5　企业高管项目参与情况

项目内容	董事长	行政总裁	副总经理	人力资源总监
项目启动会	发表讲话	发表讲话	主持会议	主持会议
高管访谈	接受访谈	接受访谈	接受访谈	接受访谈
组织诊断报告	听取汇报	听取汇报		听取汇报
组织结构化方案	参与讨论	参与讨论		参与讨论
胜任力模型成果		最终审定		参与审核
评价中心工具		最终审定		参与审核
述能会	担任测评者	担任测评者	担任测评者	担任测评者
人才盘点会	参与讨论	参与讨论		参与讨论
盘点结果反馈会	听取顾问反馈	听取顾问反馈	听取顾问反馈	听取顾问反馈

项目组通过访谈、问卷的方式，从战略、组织、人才、文化四个视角对企业的组织能力进行诊断，发现的问题如表 9-6 所示。

表 9-6　通过组织诊断发现的问题

归类	存在问题
组织结构	• 品牌形象输出口径不一，市场营销和品牌管理的职能分散、不统一 • 部分关键职责（如定价、产品管理）缺失 • 流程审批链条长，签批的人多，担责的人少，严重影响决策效率 • 矩阵式架构中的虚实线管理划分不合理，总部对区域的支持较少，审批较多 • 总部部分职能（如财务、营销）未能对区域提供策略指导和赋能的价值 • 几个大区（如华北、华中等）没有实体的职能机构，管理职能没有抓手
人才队伍	• 中基层管理人员出现断层，尤其是主管层 • 一线员工（店员）离职率居高不下，年离职率为67%，工作时长、工作环境、薪酬成为他们的核心诉求点
激励机制	• 各层级都认为薪酬没有竞争力 • 利益回报没有差异性（做好做坏没有差异、前台后台没有差异、区域之间没有差异、外派与本地没有差异），未能形成良好的价值评估与合理分配机制 • 薪酬结构需要优化，浮动薪酬部分高于同行
文化氛围	• 部门之间缺乏协作配合，彼此之间信任度不高 • 组织的开放包容性有待加强，员工有时不太愿意表达自己的真实想法和意见 • 新老管理者的融合亟待加强

根据组织诊断发现的问题，为有效支撑战略落地、提高运营效率，同时在坚持权责利明晰、执行与监督分离、同类职能合并、减少内耗的原则上，提出了如下组织优化建议（见表9-7），以对一二级部门的组织结构和岗位设置进行优化设计。

表 9-7　组织优化建议

类别	主要内容
新组建的事业部和一级部门	• 成立特许经营、便利商超、电商三大事业部 • 成立战略发展中心，负责战略管理、经营计划制订、组织绩效设计、制度与流程建设等

（续表）

类别	主要内容
二级部门升级为一级部门	• 产品研发从生产中心独立出来，升级为产品中心 • 质量管理从生产中心独立出来，升级为质量中心
多个部门合并为新的部门	• 将供应链部、采购部、计划部合并，组建新的供应链中心 • 将所有品牌、销售管理、营销策划职能合并，组建新的营销中心
将分公司部分职能归到大区	• 将城市分公司的部分职能，如财务、人力资源、品牌管理、销售运营等统一归到大区来管理，实现资源共享，提高人效
对制度流程方面的优化	• 分级分类授权，减少审批流程 • 中台部门组织绩效与企业整体业务挂钩 • 改善一线门店的工作环境，提高一线员工的工资待遇

为保证优化计划顺利实施，项目组制定了两套推进方案。一个是激进式方案，即直接在企业内部进行全局性大调整，一步到位，该方案影响较大，可能会使企业内部产生动荡，但调整的前提是企业业绩增长稳健、员工队伍稳定；另一个是渐进式方案，即从局部展开调整，成功后再逐步在全企业范围内实施，该方案影响较小，过渡平稳，但进度较慢。最后企业采取了渐进式的方案。

与此同时，项目组针对企业 40 名高层管理人员、100 名中层管理人员进行了盘点，主要流程如图 9-5 所示。

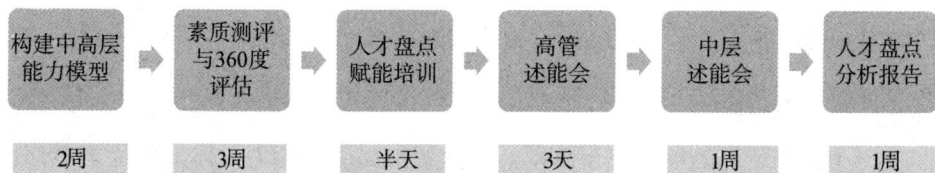

构建中高层能力模型	→	素质测评与360度评估	→	人才盘点赋能培训	→	高管述能会	→	中层述能会	→	人才盘点分析报告
2周		3周		半天		3天		1周		1周

图 9-5　人才盘点流程

首先，针对高层、中层、基层、员工四个层级，以及大区总、城市总等核心岗位构建了胜任力模型；其次，针对高层和中层，采用心理测验、360 度评估两种在线测评工具进行测评，针对董事长、CEO、副总级别的高管进行了人才盘点赋能，重点培训了如何开展述能会；接下来，所有中高层管理人员都面向咨询专家、董事长、CEO、人力资源总监、直接上级进行了述能，测评者根据述能会和平时工作表现对他们进行评价与盘点讨论，形成中高层人才九宫格和人才盘点表；最后，咨询顾问根据人才盘点数据分析，形成总体的人才盘点分析报告。

通过本次盘点，我们发现了以下问题。

（1）**中高层整体能力较弱**。总体而言，该企业中高层缺少优秀人才和年轻干部。相对而言，高层能力较好，中层以下人员能力则参差不齐。许多中层管理人员对管理角色的定位不清晰，在如何达成业绩目标、如何带领团队方面缺少行之有效的方法，无法支撑企业未来的发展。

（2）**缺乏战略思维和营销思维**。中高层管理人员战略思维不足，对外部环境、行业趋势、竞争对手情况了解较少；缺乏体系营销知识，数据分析、商业洞察能力也较弱。对于实现业务增长，大家将希望更多寄托于新渠道、新产品、新业务上，而对于传统优势业务如何在现有基础上实现稳步增长并没有太多的思考。

（3）**带队伍能力与影响力偏弱**。许多中高层管理人员没有接受过系统性的管理训练，个人业务能力强，但是团队管理能力弱，不会培养和激励下属。大部分中高层管理人员习惯采用行政命令来推动工作，非职权影响力较弱，尤其是面对大量"90后""95后"员工，在管理方式上束手无策。

（4）**区域干部的能力优于总部**。各区域中高层的能力总体上要优于总部，总部对分/子公司的支撑力度较小。而从企业发展的角度来看，总部应当聚集较多的"牛人"，对各区域进行指导、赋能。

根据盘点结果，企业制订了以下组织优化计划，具体如表9-8所示。

表 9-8　根据人才盘点结果制订的组织优化计划

措施	主要内容	责任人	实施时间
调整中高层干部	• 晋升三位业绩好、能力强的中高层管理人员 • 优化六名业绩差、能力弱的中高层管理人员 • 对部分大区总经理进行职位对调，创业型的干部被调整到新区域，守业型干部调到成熟区域	行政总裁 人力资源 总监	2019 年 11 月
加强外部招聘力度	• 加强营销人才、新零售人才、产品开发人才的招聘力度 • 在招聘面试中增加心理测评和专业笔试 • 举办一次面试官培训	人力资源 总监	2019 年 11 月
建立中高层轮岗制度	• 从总部派人到区域，从区域调人回总部，"常胜将军"派往业绩下滑难以突破的区域。将培养人才梯队纳入中高层的 KPI 考核当中，没有培养出合适的继任人选不得晋升提拔	人力资源 总监	2020 年 2 月
举办管理集训营	• 与外部培训机构合作，开展战略、新零售、营销管理、品牌管理、私域流量、产品思维、团队管理、影响力的系列培训 • 针对区域、城市分批次举办了多期区域经营管理人才集训营	人力资源 总监 培训部经理	2020 年 3 月

以上组织优化计划基本上按期推进，干部调配基本在一个月内快速完成；在外部人才引进方面进展不错，从某连锁企业引进特许经营的高管，从某电商企业也引进了两名新零售管理人才。但管理集训营受 2020 年新冠肺炎疫情影响未能按期实施，延至 2020 年 7 月开班。

此外，项目组还帮助该企业制定了人才继任体系管理制度、人才盘点制度，并编制了实操手册、面试官手册，以帮助该企业建立人才梯队和人才管理体系。

集团董事长反馈：借助此次组织变革与人才盘点，我们持续对组织架构进行调整、优化和精简，强化各部门的战略职能，提升执行与协作能力。同时，我们开启了特许经营业务，实现全渠道覆盖消费者；通过品牌的整合营销，增加了品牌在年轻社群中的知名度和影响力。基于人才盘点结果，我们对干部进行了调整，效果非常显著，有两个区域半年度业绩取得较大突破，营收分别增长 50%、60%，利润增长都在 60% 以上。

3. 某家电企业高中基层人才盘点项目

××企业成立于 20 世纪 80 年代，是一家集研发、生产、销售、服务于一体的空调压缩机专业生产企业，是我国家用空调压缩机行业较早且少有的具有规模化、专业化优势的民族企业。2004 年起并入某国际知名空调家电企业，成为其全资子公司，实现跨越式发展，产量由 120 万台向 5 000 万台形成了跳跃式增长。目前该企业有五个生产基地，产品从空调行业向生活电器领域渗透，积极拓展国内外市场，致力于打造绿色环保高新技术企业。

数据化、网络化、信息化、自动化是压缩机行业的发展方向。随着国家加快对空调能效标准的升级，节能环保成为压缩机发展的主流趋势。一些区域性小品牌开始进入市场，竞争加大，空调库存较多。为适应市场需求，保持竞争优势，该企业向产品多元化、成本精细化、服务及时性、客户多样化等内生或外延方式不断开拓。这一系列业务转型升级对现有人才队伍提出了更大的挑战，企业需要通过盘点来了解现有人才队伍能否适应未来业务发展的要求。

本项目针对 10 多位高管（企业副总经理及分公司总经理、副总经理）、40 多位中层干部（部门经理、厂长）、40 多位基层管理人员（科长、主管）开展人才盘点，主要内容如下。

（1）了解人才现状。了解目前管理层的能力素质现状，便于后续更科学合理地进行人事调整，同时有针对性地开展后备人才队伍建设。

（2）促进员工自我发展。促进员工自我反思，帮助员工制定职业规划和能力提升计划。

（3）内化人才盘点技术。促进管理人员了解人才盘点的流程（见图 9-6），建立系统化的人才盘点体系。

访谈调研 → 能力模型构建 → 在线测评与案例分析 → 述能答辩现场评价 → 人才盘点报告撰写 → 盘点结果与总经理汇报

图 9-6　项目实施流程

首先，构建各层级（高层、中层、基层主管）能力模型，框定人才标准；其次，通过测评工具，了解人才的潜力与能力状况，结合企业内部绩效评价数据，形成人才盘点结果，为后续人才管理工作提供建议。

在测评环节，主要采用在线测评与案例分析、述能答辩三种测评手段。其中，述能答辩采用内外部测评者相结合（由企业总经理、副总经理、外部测评专家担任测评者）的方式，既考虑测评工具的科学性，也注重测评工具的实施效率；既有来自外部测评专家的评价，也要综合内部领导的观察。

在盘点环节，从能力、绩效和潜力三个维度对各层级管理人员进行全方位扫描（见图 9-7），既立足于当前，又面向未来，多角度了解人才效能，同时结合不同地域情况提出人才发展建议，形成下一步的人才管理行动计划。

	主要内涵	评价工具
能力	各层级能力模型	商业案例分析+述能答辩
绩效	绩效数据	绩效评价
潜力	潜力特征	在线测评与案例分析

当前 → 能力、绩效

未来 → 潜力

图 9-7　人才盘点维度矩阵

在盘点讨论环节，企业总经理表示，本次盘点的目的就是借用咨询顾问客观中立的第三视角来看组织和人，所以他只对一些评价有疑问的地方进行提问，对部分盘点对象补充了一些平时观察到的行为信息，对评价结果没有做任何修正。

本项目由于接近年底，时间紧、任务重、人数多、地域广，企业总经理高度重视，各业务部门也高度配合，在多项工作交叉并行、严把质量的基础上，项目最终在一个月之内完成成果输出。项目的产出成果有：高层、中层、基层三个层级的胜任力模型，人才盘点整体分析报告，人才九宫格，人才盘点结果数据表。

在整个人才盘点过程中，企业总经理、副总经理、人力资源总监等管理层参与情况如表 9-9 所示。

表 9-9　企业高管项目参与情况

项目内容	总经理	副总经理	人力资源总监
项目启动会	发表讲话	参加会议	主持会议
高管访谈	接受访谈	接受访谈	接受访谈
胜任力模型成果	最终审定		参与审核
评价中心工具	最终审定		参与审核
述能会	担任测评者	担任测评者	担任测评者
人才盘点会	参与讨论		参与讨论
盘点结果反馈会	听取顾问反馈	听取顾问反馈	听取顾问反馈

通过人才盘点，发现的问题如下。

（1）人员总体素质较好但缺少顶尖人才。各层级管理者的管理水平状况处于中等水平，高层处于中等偏上水平，需要进一步挖掘潜力的人员较多，顶尖人才较少；从司龄结构来看，10 年以上的人员占 50%，5 年以上的人员占

34%，人员稳定性强；从学历结构来看，高学历（硕士及以上）人才较少。

（2）基层人才断层。管理层面临一定程度的失衡；从访谈和测评环节发现，班组长和基层员工存在流失以及素质待提升的情况；主管层级也存在一定程度的断层。

（3）行为风格一致性较强。"80 后""70 后"甚至"60 后"员工的行为特征差异不大，说明企业的氛围和文化对员工的行为模式、工作方式、性格塑造性极强，有利于规范化和精细化管理，但不利于创新。

（4）对人才重培养轻激励。很多管理人员在团队管理上心有余而力不足，大家普遍在培养举措上侃侃而谈，但在激励方面的方法有效性不足，尤其针对新生代员工的管理。

（5）务实肯干但创新不足。各级管理者普遍务实肯干、任劳任怨，企业也创立了读书会等活动，鼓励在职员工进行技能 / 学历提升，大家的学习兴趣浓厚，但半军事化的管理模式导致大家缺乏开拓创新能力。

根据人才盘点结果，我们提出了改善行动措施，具体如表 9-10 所示。

表 9-10　根据人才盘点结果提出的改善行动措施

措施	主要内容	责任人	实施时间
调整部分中层干部	• 根据岗位空缺情况，对四位高潜干部进行晋升 • 有计划性地开展岗位轮换，减少临时调派，先从两位公司副总和四位部门经理开始试点 • 为轮岗人员安排导师，定期（每月）给予辅导交流，并给予评价反馈	人事部经理	2019 年 1 月
完善职业发展通道	• 完善技术和管理双通道机制，绘制职业发展通道图，使员工了解自己的职业发展路径，引导员工在专业岗位上深耕技术	人事部经理	2019 年 3 月

（续表）

措施	主要内容	责任人	实施时间
优化薪酬体系	• 根据外部市场薪酬水平，建立定期提薪制度 • 对标外部企业的营销人员的薪酬结构、激励机制，提升营销人员的积极性 • 建立创新项目专项奖励基金，鼓励各类人才勇于创新、坚持改善，营造创新氛围	人事部经理 营销副总 科技部经理	2019 年 3 月
加强管理技能培训	• 针对中高层举办一期管理集训营，重点加强团队管理、开放包容、创新能力方面的提升，适当增加去行业标杆和跨行业企业学习参观的机会，开阔眼界 • 将新生代员工管理纳入干部培训班的研讨课题中，输出解决方案	培训部经理	2019 年 6 月
人才盘点常态化	• 每年通过人才盘点挑选高潜人才进入后备人才库，建立关键岗位的继任计划，将培养岗位继任者作为管理岗位的考核标准	人事部经理	2019 年 10 月
本地化干部培养	• 加强本地干部的培养，将本地化干部培养纳入厂长绩效考核	人事部经理 生产副总经理	2019 年 3 月
打造"家"文化	• 参照华为心声社区，在企业内网搭建一个内部交流的社区，给下属一些反映情况的机会和途径，让高层了解基层员工的真实想法 • 组建合唱队、足球队、书法协会等社团，促进内部员工之间的交流融合 • 适度放宽对技术研发人员的考勤等日常行为管理	人事部经理 党总支书记 工会主席	2019 年 6 月

　　此外，关于新生代员工的管理，项目组认为在工作任务分派、绩效辅导沟通上需要有技巧，照顾下属的情绪，尊重员工的需要；并建议从职业认可度、职业化成熟度、企业认可度三方面着手，提升员工的综合能力，拓宽其职业宽度和深度。这一部分暂时没有找到明确的抓手，于是将这个主题纳入管理干部培训班中作为研讨的课题，通过学员共创输出解决方案。

企业总经理反馈： 参与本次项目的顾问非常专业，给出的评价结果与我平时对干部的观察吻合度较高，并且提供了非常具体的评价结果与用人建议，在人事决策与人才培养方面对我的启发和帮助比较大。盘点结束之后，我们依据专家给出的建议很快进行了干部晋升和岗位轮换。例如，我们将生产副总和质量副总职位进行对调之后，不仅生产效能获得极大改善，而且 ×× 厂区的质量达标率在不到两个月的时间里就回到了正常水平。

4. 某互联网企业组织变革与人才盘点项目

×× 企业是一家提供普惠金融服务和金融技术解决方案的企业，2014 年登陆国内新三板。该企业旗下有网络借贷信息中介平台，为有融资、投资需求的小微企业主或个人提供互联网金融服务，服务范围覆盖了全国近 30 个省的 100 多个城市。此外，企业还积极进入金融科技领域，携手中小银行共同构建"金融生态"全新体系。

2017 年上半年，该企业制定了新的战略规划，希望通过 3 ~ 5 年的时间将自己发展成为网络消费金融、科技金融的领先者。为配合战略落地，组织架构调整与人才盘点是两个重头戏。通过人才盘点，使优秀人才特别是高潜人才进入 CEO 的视野，对关键职位人才开展继任计划、储备与培养，建立起内部人才库和人才供应链，目的是实现人与组织的匹配，以此来推动组织变革，以支撑企业战略目标的顺利实现。

本项目针对 18 个子公司、事业部和总部一级职能部门的 80 多位中层管理人员和 300 位高级技术人才开展人才盘点，主要内容如下。

（1）梳理人才标准，指导人才的选用预留，特别是要引进与战略要求相匹配的人才。

（2）全面掌握人才当前的能力水平和优劣势，查找现有人才状况与战略要求之间的差距，制定相应的人才发展规划。

（3）基于人才盘点结果，推动组织架构的调整，将合适的人才放到合适的岗位上。

（4）通过人才盘点，使优秀人才特别是高潜人才进入 CEO 的视野，建立内部人才库，针对关键职位制订继任计划，开展针对性培养，形成人才梯队。

整个项目周期为两个半月，按图 9-8 所示的流程推进。

能力模型构建 → 在线测评组织实施 → 事业部人才预盘点会 → 人才盘点报告撰写 → 将盘点结果向董事长汇报 → 向员工做盘点解读

图 9-8　项目整体流程

由于本次盘点对象涉及企业各层级、各序列的管理人员与核心技术人才，因此构建了分层级、分序列的能力模型。模型构建采用头脑风暴的敏捷建模方法，在一周之内完成胜任力模型构建，模型名称和行为描述具有互联网企业的特色、序列特色和层级特色，如有产品思维、数据洞察等指标。

基于互联网企业工作节奏较快的特点，加上需要盘点的人数众多，较难集中开展线下评价中心的测评，因此测评环节全部采用在线测评工具（见图 9-9），在此基础之上，由顾问与事业部负责人进行沟通讨论，补充上级在日常工作中观察到的行为点，并对测评结果进行校准。

由于该企业处于组织变革期，此次盘点触及了不同人的利益，因此在项目前期各业务部门对人才盘点工作的理解与支持不够，导致员工的敏感度高、配合度低。同时，人力资源部门副总裁刚离职，导致人力资源部门的影响力偏弱，同时 HR 对人才盘点的理解与顾问有差异，项目前期产生了较多的分歧，导致人才盘点工作推动缓慢。

潜意识形态下的你
在线潜力测评

专家眼中的你

咨询顾问
进行综合
分析

他人眼中的你
360度评估

上级眼中的你
上级访谈

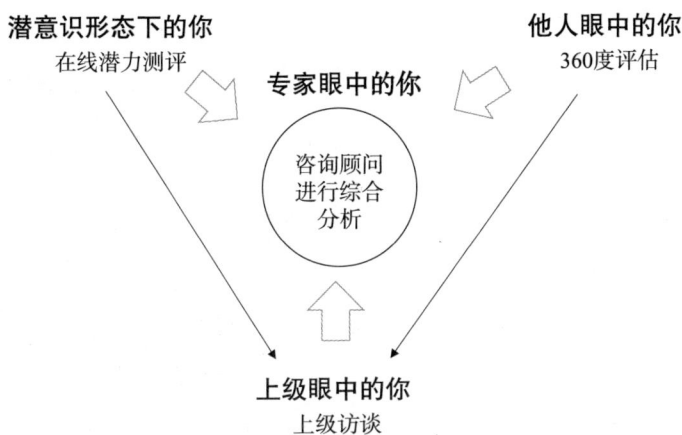

图 9-9　在线测评工具组合

在此情况下，顾问与 HR 需要投入大量精力进行沟通和协调，特别是与业务部门负责人进行了高频次的深度对话（基本上与每个业务部门负责人访谈和沟通过三次以上），帮助业务部门更好地统一人才语言，识别内部高潜人才，因此使人才盘点最终按计划完成，人才盘点结果也得到业务部门的高度认可。

在整个人才盘点过程中，企业董事长兼 CEO，首席人才官，子公司、事业部与职能中心总经理等高管参与情况如表 9-11 所示。

表 9-11　企业高管项目参与情况

项目内容	董事长兼 CEO	首席人才官	子公司、事业部与职能中心总经理
项目启动会	发表讲话	主持会议	参加会议
高管访谈	接受访谈	接受访谈	接受访谈
事业部预盘点会		参与讨论	参与讨论
企业总盘点会	参与讨论	参与讨论	
盘点结果反馈		参与反馈	听取顾问反馈

人才盘点结束之后，项目组向董事长和人力资源部门提交了整体分析报告、人才分布地图、人才发展档案，为组织变革提供了科学的依据。其中，整

体分析报告、人才分布地图按照事业部和职能中心进行拆分，连同其下属个人发展档案发给分管副总裁和中心总经理；在线素质测评报告和360度评估报告针对所有盘点对象进行了五场解读培训。具体项目成果如表9-12所示。

表9-12　项目成果

分类	成果名称	说明
个体分析	在线素质测评报告	每人一份，通过计算机导出
	360度评估报告	每人一份，通过计算机导出
	人才发展档案	每人一份，顾问整理，包括能力优势、培养发展建议
整体分析	整体分析报告	整体能力优劣势、盘点数据分析、管理改善措施
	人才分布地图	包括企业整体人才九宫格、各事业部九宫格、各事业部继任地图，以及每位盘点对象的能力概况图

在整体分析报告中，将中高层管理人员的评价结果以简略化图表的形式呈现，并给出直观明了、中肯的评价结果与用人建议，具体如图9-10所示。

图9-10　人才盘点结果简略化呈现样例

人才继任地图样例如图9-11所示。

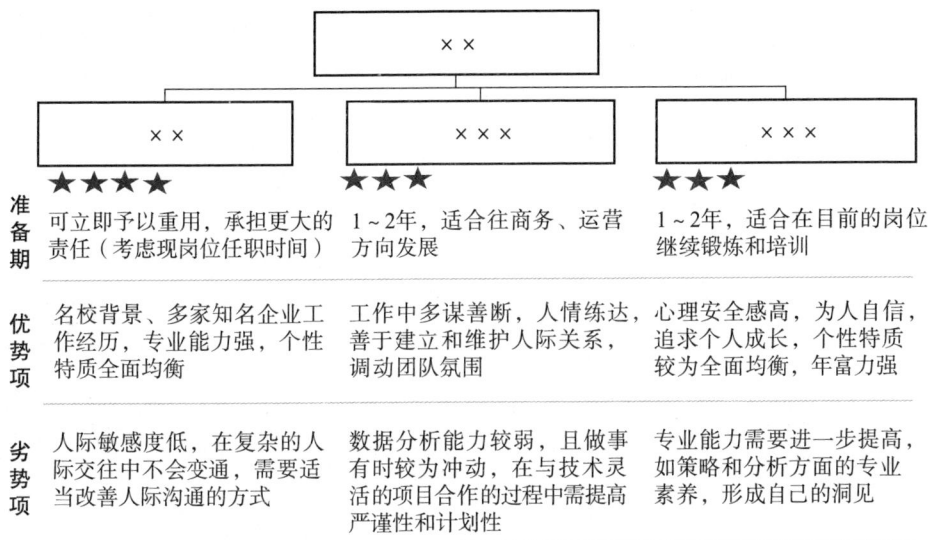

准备期	★★★★	★★★	★★★
	可立即予以重用，承担更大的责任（考虑现岗位任职时间）	1~2年，适合往商务、运营方向发展	1~2年，适合在目前的岗位继续锻炼和培训
优势项	名校背景、多家知名企业工作经历，专业能力强，个性特质全面均衡	工作中多谋善断，人情练达，善于建立和维护人际关系，调动团队氛围	心理安全感高，为人自信，追求个人成长，个性特质较为全面均衡，年富力强
劣势项	人际敏感度低，在复杂的人际交往中不会变通，需要适当改善人际沟通的方式	数据分析能力较弱，且做事有时较为冲动，在与技术灵活的项目合作的过程中需提高严谨性和计划性	专业能力需要进一步提高，如策略和分析方面的专业素养，形成自己的洞见

图 9-11　人才继任地图样例

基于人才盘点数据分析，我们发现企业存在以下问题。

（1）人才青黄不接。人才梯队没有完全建立起来，许多关键岗位没有继任人选，甚至存在岗位空缺。专业型、技术型人才较多，复合型人才（既懂互联网又懂金融，或既懂专业又懂管理）相对较少。

（2）人才结构性失衡。新部门人才数量不足，流动性大；老部门相对人才数量充足，流动率低，但优秀人才密度不高。老员工稳定性高，部分人的能力水平有点跟不上企业发展；从华为、BAT 等引进的新员工能力水平较高，但在企业文化的融入度方面还有待加强（如对组织架构调整的适应性）。

（3）用人揠苗助长。晋升主要依据业绩表现，缺乏科学化和体系化的人才晋升机制、流程、方法。部分人才的晋升提拔过快，存在揠苗助长的现象。

（4）人才流失率高。人才的议价能力过强，企业在人才激励和保留上的方法比较单一（以加薪、晋升为主），人才流失率较高。

（5）对人才不够重视。部分管理者将主要精力放在业务与专业管理上，在人才管理上投入的时间和精力相对较少，对下属的评价往往比较笼统，无法详细、具体说出下属的工作表现和能力特征。

（6）最需要提升的三项能力：BOSS 思维、发展他人、激励他人。

基于人才盘点结果，我们提出表 9-13 所示的改善措施。

表 9-13　根据人才盘点结果提出的改善措施

措施	主要内容	责任人	实施时间
干部任用调整	• 根据人才盘点结果，配合组织架构调整，对现有中高层职位进行调整，提拔一部分高潜人才进入中高层干部队伍	董事长 首席人才官	2017 年 10 月
推行员工持股制度	• 建立员工持股、合伙人制度	董事长 首席人才官 首席财务官	上市前
建立轮岗机制	• 制定轮岗制度，减少火箭式提拔，让员工走之字型发展路线，先在团队内部轮岗，再尝试跨部门轮岗，培养复合型人才	首席人才官 组织发展总监	2018 年 1 月
将人才培养纳入绩效考核	• 将后备人才培养、人才输出纳入管理者的绩效考核。人才产出多的部门，晋升时优先考虑	首席人才官 组织发展总监	2017 年 10 月
建立内部空缺岗位双选制度	• 借鉴腾讯"活水计划"，企业有岗位空缺时进行内部公开竞聘，参与竞聘不需要征得原来部门的上级同意，若应聘成功，给予其一定时间来交接工作	首席人才官 组织发展总监	2017 年 10 月
建立技术人员任职资格认证制度	• 企业每年在固定时段集中开展一次任职资格认证，每人每年有一次晋级机会，原则上不跨级晋升	首席人才官 组织发展总监	2018 年 1 月
外部招聘需增加人才测评环节	• 关键岗位在外部招聘时，需增加人才测评环节，以加强对潜力和性格特征的把关	招聘总监	2017 年 10 月

（续表）

措施	主要内容	责任人	实施时间
实行积分奖励制度	• 实行游戏化打怪升级的职业发展路径，每取得一项工作成果，给予相应的勋章，累积到一定数量就可以晋级	组织发展总监	2018 年 1 月
建立内部讲师队伍	• 从专业技术人才中选拔一批人员担任内部兼职讲师，实行分级认证，将员工个人知识组织化	培训总监	2017 年 10 月

项目结束后，企业在 2017 年 10 月发布组织结构调整的通知，对现有中高层干部（即一二级部门负责人）进行了任命。在此次人才盘点中排在 1 号、2 号、3 号宫格的管理人员基本上得到晋升或职位调整。此外，员工持股计划、轮岗制度、内部竞聘等组织优化计划逐步推动落地。2018 年，该企业在美国纽交所上市，行业排名由第 7 位升至第 3 位。

企业董事长反馈：这次人才盘点效果不错，在这么短的时间内对这么多人进行评价，得出的结果非常科学客观，成果也非常丰富，为我们的组织结构调整、人才招聘和培养提供了科学的依据。

5. 某房地产企业中高层人才盘点项目

××企业是一家大型综合性投资集团，成立于 20 世纪 80 年代，以房地产起家，历经 30 多年的发展，成为中国企业 500 强。该企业旗下有地产、金融、产业、商置、物业五大业务集团，涉及地产开发、城市更新、商业运营、酒店管理、物业服务、金融投资、产业运营等多元领域，业务覆盖珠三角、长三角、京津冀三大重要城市经济圈。

该企业成立以来，战略相对保守，长期以单一的房地产开发为主，业务发展一直处于稳健状态。2014 年，企业成立控股集团，制定了"二次腾飞"的战略,除加大对地产的投资外,也开始大规模进军金融、酒店、文化等领域。

在业务快速发展的同时,企业出现了人才青黄不接、缺少领军型人才、人才调配捉襟见肘的状态。为此,企业经营决策层决定在全企业范围内开展对中高层管理人员的人才盘点,以摸清人才家底,并以此为基础制定新的人才战略,为组织结构调整和新业务开拓发掘并培养高潜人才。

本项目针对中层和高层共计96人进行人才盘点。其中,高层是指集团职能中心总经理、下属子公司总经理、副总经理;中层是指集团职能中心总监、下属子公司的部门负责人。项目整体流程如图9-12所示。

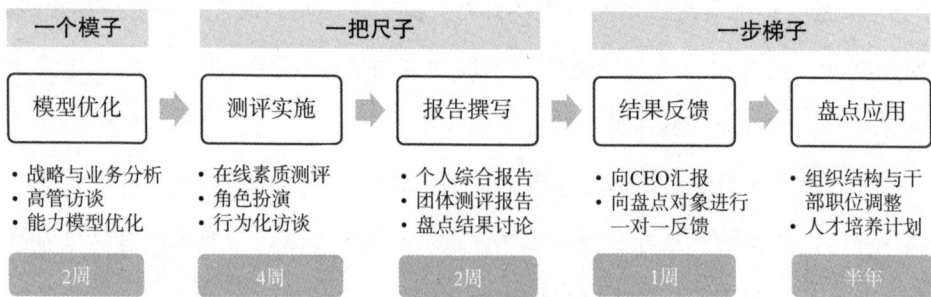

一个模子	一把尺子		一步梯子	
模型优化	测评实施	报告撰写	结果反馈	盘点应用
• 战略与业务分析 • 高管访谈 • 能力模型优化	• 在线素质测评 • 角色扮演 • 行为化访谈	• 个人综合报告 • 团体测评报告 • 盘点结果讨论	• 向CEO汇报 • 向盘点对象进行 一对一反馈	• 组织结构与干 部职位调整 • 人才培养计划
2周	4周	2周	1周	半年

图 9-12 项目整体流程

由于该企业多年前已构建领导力模型,因此可以通过战略与业务分析、高管访谈,挖掘中高层的领导特质,对原有的领导力模型进行优化。中高层均采用在线素质测评和行为化面谈进行测评,高层还增加了角色扮演环节。测评完成之后,由咨询顾问对盘点结果进行分析,撰写个人综合报告和团体测评报告,并与该企业人力资源副总裁、各业务板块副总裁等核心高管就盘点结果进行了讨论,对盘点结果进行了校准。之后,项目组将盘点结果向企业 CEO 汇报,并将个人盘点报告向所有盘点对象进行一对一反馈。在整个人才盘点过程中,集团总裁、人力资源副总裁、其他副总裁、下属公司总经理等高管的参与情况如表 9-14 所示。

表 9-14 企业高管项目参与情况

序号	项目内容	集团总裁	人力资源副总裁	其他副总裁	下属公司总经理
1	项目启动会	发表讲话	主持会议	参加会议	参加会议
2	高管访谈	接受访谈	接受访谈	接受访谈	接受访谈
3	胜任力模型成果		审核		
4	评价中心工具成果		审核		
5	人才盘点会		参与讨论	参与讨论	
6	盘点结果反馈			听取顾问反馈	听取顾问反馈
7	盘点结果汇报	听取汇报	向总裁汇报		

在盘点结果讨论过程中有一个小插曲：咨询顾问评价出来的中层管理人员当中有一位融资总监，他在中层管理人员当中领导力评价排名第一。人力资源副总裁感到很惊讶，因为过去每年的 360 度评估，该融资总监排名基本都在 20 ~ 30 名，表现并不十分突出。为此，咨询顾问列举出他在情景模拟和行为化面谈中的表现，结合在线素质测评结果，说明该融资总监的能力十分突出且有较大培养潜力，人力资源副总裁和人力资源部门仍然表示怀疑。

为此，咨询顾问通过对过去几年 360 度评估数据分析发现，同级和下属对该融资总监的评分都比较高，尤其是下属评分基本接近满分，而上级（财务中心总经理）对他的评价却较低，而在此次盘点中财务中心总经理则表现一般。于是人力资源副总裁决定对该融资总监的同事、下属进行访谈调研。访谈结果证实了他的能力确实十分优秀，而财务中心总经理有些嫉妒他的才华，一直压制他，每年给他的评分非常低，两人也一直不和。通过此次调研，人力资源副总裁和人力资源部门充分认可了盘点结果。

通过人才盘点，发现的问题如下。

（1）目前的人员能力素质水平基本能够满足集团地产板块的发展，但是从长远来看，还不足以支撑集团的多元化发展，人才质量和人才结构都需要进行优化。

（2）在线测评的整体掩饰性偏高，部分人员在答题时会揣摩出题者意图，选择那些公众认为好的答案来回答问题，同时通过在项目过程中访谈和观察了解到，企业存在报喜不报忧、务实性不足、员工之间缺乏信任、不够开放的文化氛围等问题，需要引起重视。

（3）中高层管理人员大多数在企业服务多年，对企业文化比较认同，组织归属感和忠诚度高；整体学历层次较高，基本素质和专业素质良好，有较强的责任心和敬业精神，能专心做好本职工作。

（4）干部整体危机感和进取精神不强，学习和创新的动力不足，比较安于现状。他们的管理素养和带队伍的能力还有待提高。同时，工作中缺乏系统性和前瞻性的思考，更多的是被动接受上级的安排。

根据人才盘点结果，项目组与人力资源部门共同提出表 9-15 所示的改善措施。

表 9-15 根据人才盘点结果提出的改善措施

措施	主要内容	责任人	实施时间
调整中高层干部	• 配合集团组织架构调整，根据人才盘点结果，对一二级组织架构负责人进行调整	总裁 人力资源副总裁	2016 年 1 月
建立后备人才队伍	• 开展"三龙计划"，培养高中基三个层级的后备人才 • 根据胜任力模型和人才盘点结果设计培训内容 • 引入行动学习等多元化方式，将能力提升与解决业务问题结合起来	人力资源副总裁 培训总监	2016 年 3 月

（续表）

措施	主要内容	责任人	实施时间
建立人才双通道	• 拓宽现有的职业发展通道，在管理通道之外增加一至多条专业通道，将职级细分，拉长职业通道，给员工特别是司龄时间较长的员工提供更多的职业发展空间	人力资源副总裁组织发展总监	2016 年 3 月
重塑企业文化	• 对测评掩饰性高的问题，结合访谈结果，对核心价值观进行优化并增加行为描述 • 加强核心价值观宣传，举办企业文化活动 • 在年度评优中增加核心价值观的颁奖项目	企业文化总监	2016 年 3 月

在人才盘点结束两个月之后，该集团对组织结构进行了优化调整，并基于人才盘点结果对干部进行任用，一批绩效优秀、能力强的年轻干部获得提拔晋升，部分业绩差、发展潜力低的管理人员被淘汰，同时也面向外部招聘了一批新业务的管理人才。上文提到的融资总监，在盘点结束之后被调到物业公司担任财务负责人，尽管级别是平调，但管理一个公司的全盘财务，其实是得到了晋升。

此外，企业针对三个层级的储备人才，启动了为期一年的人才培养计划：飞龙班（高层后备）、跃龙班（中层后备）、潜龙班（基层后备和关键岗位人才）。在培养计划中，除传统课堂式学习以外，还采取了行动学习工作坊的形式开展业务课题与管理课题的研究，形成行动方案进行应用落地，在解决问题的过程中来提升人的能力。

企业人力资源副总裁反馈：通过本次人才盘点发现隐藏在企业内部的一大批高潜人才，也找出一大批潜伏在企业内部的"兔子"。部分测评结果与企业原来的 360 度评估结果存在较大的出入，经过企业调查确认，发现原来的 360 度评估存在较大的缺陷，导致一大批老好人评分较高，而有能力的干部却评分较低。企业在此基础上对绩效管理进行了优化变革，更加注重绩效实际数据和评价的客观性。

6. 某快消企业销售管理团队人才盘点项目

××企业是一家集研发、生产和销售于一体的快消品企业，成立于2005年，旗下拥有多个口腔护理品牌。该企业生产的产品遍布全国各省市，并已全线进入沃尔玛、欧尚、易初莲花、吉之岛、大润发等大型连锁卖场，实现了KA卖场、大型百货店、日化专卖店、药业连锁店及电子商务的全方位覆盖。

虽然市场需求量大，但由于产品同质化程度高，市场竞争非常激烈。自成立以来，该企业不断根据市场环境调整经营模式，每年以高于所有同行的增长率成为国内日化行业成长最快的企业，2015年营业额为16亿元。

2016年，该企业制定了三年达到50亿元的战略目标。一是从直营模式转为联营模式，采取"农村包围城市"的策略，向三四线城市和乡镇下沉；二是由传统销售向电商进军。要实现新的战略，人才队伍建设成为当务之急：人才管理要从粗放式向规范化转变，从游击队向正规军转变，从个人英雄向团队作战转变。在这样的背景下，企业聘请第三方咨询机构开展销售体系中高层人才盘点工作，以促进人才队伍建设。

项目针对70多位销售体系的大区经理和省区经理进行全面人才盘点，一方面发现企业人才管理中存在的问题，以便进行针对性改善；另一方面从中发掘出高潜人才进行重点培养，以支撑企业业务模式的转型和跨越式的发展。

由于盘点对象分散在全国各地，因此充分利用企业召开全国销售团队会议的时间，召开项目启动会，整个项目周期为两个多月。项目整体流程如图9-13所示。

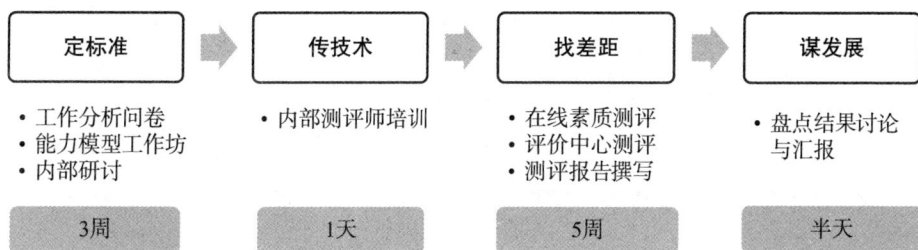

图 9-13　项目整体流程

　　领导力模型采用共创建模方法，通过工作坊团队共创的方式，借助胜任力词典卡片完成模型构建，将企业战略文化（对任职者的要求）落实到人才标准中，模型结构、指标名称、行为描述都具有企业特色。而董事长对这些模型成果非常满意，认为找到了支撑企业战略落地的"核武器"。

　　人才测评采用线上线下相结合、交互印证的方式，并借助评价中心工具，通过高度模拟未来的工作情景，全面深入挖掘盘点对象的潜力。领导力模型与测评工具的匹配矩阵如表 9-16 所示。

表 9-16　领导力模型与测评工具匹配矩阵

指标分类	模型指标	在线心理测评	情景挑战	案例分析	角色扮演
管理业务	BOSS 思维	√	√	√	√
	贴近市场★	—	√	√	√
	敢于拍板★	√	√	√	—
	协同共赢★	√	△	√	△
管理团队	知人善任★	—	△	√	√
	激励士气★	—	△	√	√
管理自我	超越自我	√	√	√	—
	勇争第一	√	△	△	—

　　注：★代表核心指标，√代表主要考察，△代表辅助考察。

在绩效方面，绩效得分根据目标完成率排名 ×70%+ 同比增长率排名 ×30% 进行排序，最终根据每个人的能力和绩效将其放到人九宫格中的一个位置，得出一个岗位匹配度的结果，并用汽车仪表盘的形式视觉化呈现出来。

在整个人才盘点过程中，董事长、总经理、人力资源总监和副总经理在项目中的参与情况如表 9-17 所示。

表 9-17　企业高管项目参与情况

序号	项目内容	董事长	总经理	人力资源总监	副总经理
1	高管访谈	接受访谈	接受访谈	接受访谈	接受访谈
2	胜任力模型工作坊	战略解读 听取成果汇报	战略解读	旁听并点评	旁听并点评
3	胜任力模型成果	最终审定	参与审核	参与审核	参与审核
4	评价中心工具开发			参与审核	
5	内部测评师培训			参加培训	参加培训
6	评价中心实施			担任测评师	担任测评师
7	人才盘点会	参与讨论	参与讨论	参与讨论	参与讨论

盘点数据分析完之后，项目组与企业高管召开了半天的盘点会议，大部分盘点结果得到了董事长、总经理和其他高管的认可。但对九宫格中第一宫格（即绩效和能力均为优）的唯一一人——一位省区经理，董事长表示不认可这个盘点结果，理由是他的价值观不行，不讲诚信。但是咨询顾问从所有的测评过程来看这位省区经理确实是非常优秀的。董事长于是举出一个事例来说明。原来去年重阳节企业组织爬山的团建活动，董事长见这位省区经理是从缆车上下来的。这个理由也是非常充分的。这时企业的营销总监给出了解释，他说去年爬山时这位省区经理半路脚受伤了，只好坐缆车上山。董事长想了想，好像记起来当时他走路脚确实一扭一扭的，于是认可了这个盘点结果。

通过盘点发现企业销售体系中层管理人员的整体状况如下。

（1）整体素质基本能维持当前业务发展水平，但面对未来竞争更加激烈的市场，现有人才队伍中的高潜质人才储备不足，中长期业绩可能会受到较大的影响。

（2）大区经理的岗位匹配度（75%）高于省区经理（47%）；在省区经理中，华中、西南大区匹配度较高，华南、西北大区的匹配度较低。

（3）队伍的进攻性很强，但还是停留在过去的游击队打法，缺少科学化、体系化的销售管理模式，增长率与人效均出现瓶颈。

（4）整体上认同企业文化，并能积极传达，有责任感，有冲劲，积极支持企业经营目标的达成，相对优势为合伙人思维、敢于拍板、勇于创新，相对劣势为贴近市场、协同共赢、知人善任、凝聚人心。

（5）在市场分析和规划方面普遍缺乏营销学理论知识，对所负责的市场环境的理解、归纳销售技巧方面的能力较弱。

（6）销售目标达成：执行力和目标意识强，但全局观和考虑问题的策略性有所不足，团队中以执行者和实干家、支持者为主，作为统领者，普遍欠缺团队管理技巧，在辅导下属方面更多以打鸡血、灌鸡汤为主，缺乏针对性的有效措施。

（7）经销商管理能力：有较强的沟通和反馈意识，但在换位思考、耐心倾听他人和洞察他人非言语信息方面需要进一步提升，沟通和说服的有效性有所不足。

企业大区经理的能力优劣势对比如图 9-14 所示。

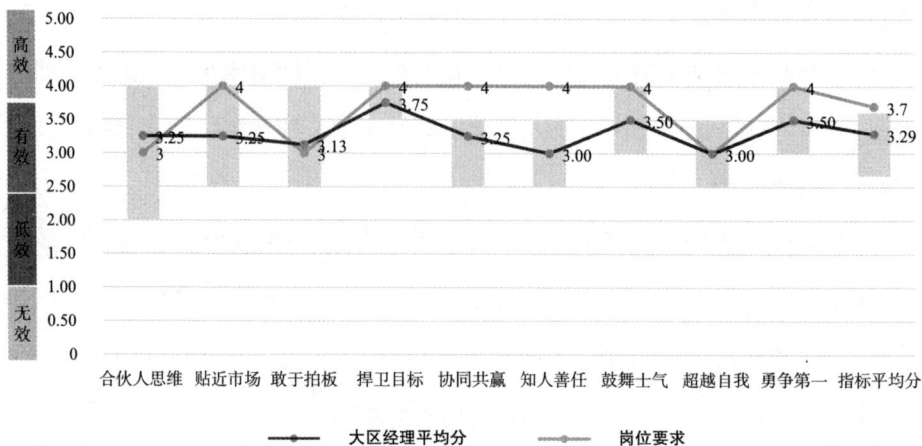

图 9-14　能力优劣势对比

　　依据上述盘点发现的问题和项目组提出的优化建议，企业制订了针对性的组织优化计划，具体如表 9-18 所示。

表 9-18　根据人才盘点结果制订的组织优化计划

优化计划	主要内容	责任人	实施时间
提拔一批	• 将三位省区经理晋升为大区经理（包括排在九宫格第 1 号宫格的省区经理）	销售副总裁人力资源总监	两周后
调整一批	• 有六位省区经理被调到更为适合其能力特点的区域，如武汉区经理与杭州区经理对调	销售副总裁人力资源总监	两周后
优化一批	• 淘汰了两位排在九宫格下面的省区经理	销售副总裁人力资源总监	两周后
培养一批	• 根据盘点出来的能力短板，针对大区经理和省区经理推出"蓝血训练营"的培养计划	培训学院院长	一个月后
引进一批	• 当年下半年开始启动管培生招聘计划，计划通过三年时间从 100 位管培生中培养出 15 位省区经理储备人员	人力资源总监	两个月后

　　在本次人才盘点过程中，咨询专家通过测评知识导入、测评标准讲解、模

拟演练、现场一对一指导、报告撰写辅导培养了一支内部测评师队伍。内部测评学员全部来自企业高层，包括供应链总监、财务总监、销售总监、企业学院院长、人力资源总监、采购部总监，提升了企业内部的人才评价技术能力。

参与盘点的高管认为，此次盘点采用全新的方法帮助他们了解自己的能力强项和可改善之处，对自己冲击很大，于是开始思考企业和市场对自己所提出的更高的要求。盘点对象则认为，此次盘点通过科学的方法帮助他们客观认识销售团队的能力和潜力，跟着顾问学到一些专业、有趣的测评方法，自己也提高了评估和发展人员的专业能力，同时建立起更好的跨部门合作与互动机制。

盘点结束的当年，该企业整体业绩增长 52%，至 2019 年达到了年营收 50 亿元的增长目标，复合年增长率为 46.2%。

企业董事长反馈：这次通过团队共创方式构建出来的胜任力模型，将我们对战略规划的一些思想落实到行动上，我认为找到了支撑企业未来发展的"核武器"。我对这次人才盘点结果非常认可，并将人才盘点团体分析报告看了 20 多遍，每次都有一些新的收获。大部分结果和我们平时的观察一致，但又比我们的观察更深入和具体，改进建议和措施也很落地。通过此次人才盘点，我们发现了真正有潜力的精英，找到了销售管理团队能力方面的强项及待发展之处，为干部选拔任用和培养提供了科学依据。

参考文献

1. 曾双喜. 破译人才密码：移动互联网时代人才管理实战应用指南 [M]. 北京：经济管理出版社，2016.

2. 曾双喜，徐金菁. 自我发展：个体时代如何释放自我价值 [M]. 北京：电子工业出版社，2019.

3. 曾双喜. 胜任力：识别关键人才、打造高绩效团队 [M]. 北京：人民邮电出版社，2022.

4. 威廉·白翰姆，奥德丽·史密斯，马修·皮尔斯. 培养接班人：如何挖掘、培养并留任企业精英人才 [M]. 费书东，译. 上海：上海远东出版社，2015.

5. 威廉·罗斯维尔. 高效继任规划：如何建设卓越人才梯队 [M]. 南京：江苏人民出版社，2013.

6. 比尔·康纳狄，拉姆·查兰. 人才管理大师：卓越领导者先培养人再考虑业绩 [M]. 李家强，陈致中，译. 北京：机械工业出版社，2012.

7. 拉姆·查兰. 高管路径：卓越领导者的成长模式 [M]. 徐中，杨懿梅，译. 北京：机械工业出版社，2016.

8. 拉姆·查兰，鲍达民，丹尼斯·凯利. 识人用人：像管理资金一样管理人 [M]. 杨懿梅，译. 北京：中信出版社，2019.

9. 诺埃尔 M. 蒂奇. 高管继任：伟大的公司如何搞砸或迈向卓越 [M]. 张擎，徐汉群，赵实，译. 北京：机械工业出版社，2016.

10. 黄卫伟. 以奋斗者为本：华为公司人力资源管理纲要 [M]. 北京：中信出版社，2014.

11. 华为大学. 熵减：华为活力之源 [M]. 北京：中信出版社，2019.

12. 吴建国.华为团队工作法：华为 19 万员工力出一孔的人才管理法则 [M]. 北京：中信出版社，2019.

13. 黄志伟.华为管理法：任正非的企业管理心得 [M].苏州：古吴轩出版社，2017.

14. 陈伟.阿里巴巴人力资源管理 [M].苏州：古吴轩出版社，2017.

15. 杨国安.组织能力的杨三角：企业持续成功的秘诀 [M].北京：机械工业出版社，2015.

16. 杨国安，李晓红.变革的基因：移动互联时代的组织能力创新 [M].北京：中信出版社，2016.

17. 戴维·尤里奇.组织革新：构建市场化生态组织的路线图 [M].杨国安，译.北京：中信出版社，2019.

18. 李常仓，赵实.人才盘点：创建人才驱动型组织 [M].2 版.北京：机械工业出版社，2018.

19. 李祖滨，汤鹏，李锐.人才盘点：盘出人效和利润 [M].北京：机械工业出版社，2020.

20. 李祖滨，汤鹏.聚焦于人：人力资源领先战略 [M].北京：电子工业出版社，2017.

21. 李祖滨，刘玖峰.精准选人：提升企业利润的关键 [M].北京：电子工业出版社，2017.

22. 李祖滨，汤鹏，李志华.345 薪酬：提升人效跑赢大势 [M].北京：电子工业出版社，2019.

23. 阿尔内·埃弗斯，尼尔·安德森，奥尔加·沃斯奎吉尔.人事选拔心理学 [M].李英武，译.北京：世界图书出版公司，2016.

24. 菲奥克.选人的真理 [M].方颖，译.北京：机械工业出版社，2015.

25. 泰勒.评价中心实用手册 [M].李中权，柳恒超，译.北京：中国轻工业出版社，2009.

26. 克劳迪奥·费泽，张海濛.反僵化：企业转型升级新路径 [M].陈黎，译.北京：中信出版社，2017.

27. 艾尔弗雷德·D.钱德勒.战略与结构：美国工商企业成长的若干篇章 [M].孟昕，译.昆明：云南人民出版社，2002.

28. 罗伯特·西蒙斯.组织设计杠杆 [M].吴雯芳，译.上海：商务印书馆，2010.

29. 亨利·明茨伯格.卓有成效的组织 [M].魏青江，译.北京：中国人民大学出版社，2012.

30. 郭威.新组织设计 [M].北京：经济管理出版社，2011.

31. 约翰·W.布德罗，彼得·M.拉姆斯特德.超越人力资源管理：作为人力资源新科学的人才学 [M].于慈红，译.北京：商务印书馆，2012.

32. 布莱恩·贝克尔，马克·休斯里德，理查德·贝蒂.重新定义人才 [M].曾佳，康至军，译.杭州：浙江人民出版社，2016.

33. 彼得·卡佩利.沃顿商学院最受欢迎的人才管理课 [M].王素青，译.北京：中信出版社，2012.

34. 埃里克·施密特，乔纳森·罗森伯格，艾伦·伊戈尔.重新定义公司：谷歌是如何运营的 [M].靳婷婷，陈序，何晔，译.北京：中信出版社，2015.

35. 蒂尔，马斯特斯.从 0 到 1[M].高玉芳，译.北京：中信出版社，2015.

36. 里德·霍夫曼，本·卡斯诺查，克里斯·叶.联盟：互联网时代的人才变革 [M].路蒙佳，译.北京：中信出版社，2015.

37. 吉姆·柯林斯，杰里·波勒斯.基业长青：企业永续经营的准则 [M].真如，译.北京：中信出版社，2009.

38. 吉姆·柯林斯.从优秀到卓越 [M].俞利军，译.北京：中信出版社，2009.

39. 斯图尔特·克雷纳.管理百年 [M].闾佳，译.北京：中国人民大学出版社，2013.

40. Lisa.创业请从会用人开始 [M].南宁：广西科学技术出版社，2017.

41. 加里.哈默尔.管理的未来 [M].陈劲，译.北京：中信出版社，2012.

42. 赵鹰.李瑞华：从有形资产到"人才资产"[J].沪港经济，2013：50-51.

43. 王之盈，彭剑锋.人力资源效能：HRM 的下一个转折点？[J].中国人力资源开发，2013(14):58-73.

44. 谢克海.谁上谁下：清晰区分企业人才的"361体系"——基于实践层面的人力资源战略管理决策[J].管理世界，2019(4):160-170+188.

45. 王香玲.蓄水养鱼：化解企业人才断层危机[J].中国人力资源开发，2011(05):32-35.

46. 吴伟俊.人力资本异质性理论与人才金字塔体系构建[J].学习与实践，2019 (1):51-56.

47. 许锋.人才供应链管理模式[J].华东经济管理，2011，25(10):109-114+144.

48. 何莹，王德才.中国企业继任计划研究[J].华东经济管理，2014，28(01):128-132+152.

49. 闫佳祺.共享经济背景下我国企业人才管理新模式研究[J].当代经济管理，2018(02):61-65.

50. 曾双喜.企业不同阶段的人力资源管理[J].人力资源，2009(04):32-34.

51. 曾双喜.拨开管理咨询的迷雾[J].人力资源，2013(10):48-50.

52. 曾双喜."外脑"可用，怎么用[J].人力资源，2013(05): 54-57.

53. 曾双喜.人才测评有"门道"[J].人力资源，2014(03): 74-76.

54. 曾双喜."末位淘汰"是否该淘汰[J].人力资源，2016(07): 66-69.

55. 曾双喜.匹配，人才战略关键词[J].人力资源，2016(01): 22-24.

56. 曾双喜.数字化时代，人才战略需"进化"[J].人力资源，2018(03): 64-67.

57. 曾双喜.突破"强"总部建设困境[J].人力资源，2018(11):54-57.

58. 曾双喜.预警：十六个人才管理误区须绕行[J].人力资源，2019(15):79-8.

59. 罗伯特·西蒙斯，娜塔莉·金德里德.汉高：构建赢家文化[R].哈佛商学院，2012.